W0323553

Wolfgang Link

Low-Carb-Classics

40 kohlenhydratarme Rezepte aus der traditionellen Hausmacherküche

Inhalt

Low-Carb-Classics 4

Heutzutage is(s)t man anders 5

Low-Carb 6

Low-Carb → LOGI 7

Die LOGI-Pyramide 8

Gewusst wie: Classics à la Low-Carb 11

Klassische Küchentipps 13

Rezepte

Suppen, Vorspeisen, Salate

- Leberknödelsuppe 14
- Kohlsuppe 15
- Caesars Salad mit Entenbrust 16
- Käse-Wurst-Salat 18

Fleisch, Geflügel, Wild

- Hackbraten mit Wirsinggemüse 19
- Hühnerfrikassee mit grünem Spargel und Champignons 20
- Rehtaschen mit gebratenen Dillgurken 22
- Klopse nach Königsberger Art mit Blumenkohlreis 24
- Fleischküchle mit geröstetem Krautsalat und Paprikadip 25
- Geschmortes Kaninchen 26
- Entenkeulen mit grünen Bohnen und Schalotten 28
- Bayrische Schweinshaxe mit Sauerkraut und Petersilienwurzeln 30
- Geschmorte Rehkeule in Portwein 31
- Weinsauerkraut mit Kassler und Speck 32
- Rinderroulade mit Spitzkohl und Selleriepüree 34
- Grünkohl mit Pinkel 36
- Rumpsteak mit Balsamico-Zwiebeln 37
- Blumenkohlauflauf mit Hackfleisch und Pastinakenpüree 38
- Steckrüben mit gepökelten Gänsekeulen 39
- Puten-Cordon bleu mit buntem Fitnesssalat 40
- Hamburger Labskaus à la Low-Carb 41

Fisch

- Zanderfilet im Weinsud 42
- Wirsingwickerl mit Fisch-Nussfüllung und Sellerie-Möhrenstampf 44
- Dorade mit Pfirsich-Pilzfüllung 46
- Lachsfilets mit Wurzelhaube 48
- Gemüse-Fisch-Auflauf mit Käse 49
- Spargel mit Schinken und Lachs 50

Vegetarisches

- Omas Gemüsesuppentopf
- mit Frischkäse 51
- Vegetarisches Gemüsegulasch 52
- Rübchen-Puffer 54
- Gefüllte Zucchini 55
- Auberginenröllchen mit Schafskäse-Olivenpaste und Tomate 56

Internationale Classics

- Minestrone 57
- Gazpacho 58
- Coq au vin 60
- Ratatouille 62
- Chili con carne 63
- Paella 64
- Saltimbocca mit Pfirsichen und Grillpaprika 66

Low-Carb-Classics

Meine Oma machte mir früher häufig mein Lieblingsgericht: gebackener Blumenkohl mit Tomatensalat. Wenn ich nach der Schule heimkam, stand sie schon mit ihrer Blümchenschürze am Herd. Das ist mir bis heute in Erinnerung geblieben – zusammen mit einem guten Gefühl von Heimkommen, Zufriedenheit und Geborgenheit.

Vielleicht geht es Ihnen ja ähnlich? Viele klassische Gerichte, die in der Kindheit und der Jugend auf den Tisch kamen, sind mit Erinnerungen und Gefühlen verbunden. Sind es nicht gerade Speisen wie Rouladen, Hühnerfrikassee oder Hackbraten, die wir uns wünschen, wenn wir bei den Eltern oder Großeltern zum Essen eingeladen sind, und die Bilder aus der Vergangenheit in uns wach werden lassen? Und sind es nicht gerade die einfachen und bodenständigen Gerichte mit regionalen Zutaten, nach denen wir uns trotz oder gerade wegen inzwischen nahezu unbegrenzter Möglichkeiten sehnen? Heute dominieren meist moderne, schnelle Gerichte mit teils recht exotischen Zutaten unsere Speisepläne. Klassische Gerichte passen aus zeitlichen Gründen oder wegen ihrer Zusammensetzung nicht mehr ins persönliche Konzept, beispielsweise weil man sich bewusst für eine Low-Carb-Ernährung entschieden hat. Das muss jedoch kein Widerspruch sein! Viele ursprüngliche Gerichte lassen sich sowohl schnell als auch kohlenhydratarm und damit stoffwechselfreundlich zubereiten. Wenn bei mir heute Blumenkohl à la Oma auf den Tisch kommt, verwende ich statt Paniermehl Nüsse als Panade.

Natürlich gibt es auch Gerichte, die ein wenig mehr Zeit brauchen. Es kann jedoch durchaus auch seinen Reiz haben, etwas mehr Aufwand zu betreiben und dabei auf den Spuren von Eltern oder Großeltern zu wandeln, etwa bei der Zubereitung von Gänsekeulen oder Kaninchen.

In diesem Ratgeber habe ich zahlreiche heimische, aber auch internationale Küchenklassiker im Sinne von LOGI-Low-Carb neu interpretiert. Ob für den Alltag mit oder ohne Familie, für die schnelle Küche nach Feierabend oder für besondere Anlässe wie die Küchenparty oder das Festessen mit Familie oder Freunden – hier wird jeder fündig, der sich das eine oder andere klassische und dennoch stoffwechselfreundliche Gericht auf der Zunge zergehen lassen und dabei in Erinnerungen schwelgen möchte.

Heutzutage is(s)t man anders

Früher war Vieles anders: Damals waren weit weniger Frauen berufstätig als heutzutage. Sie konnten so mehr Zeit für die Speisenzubereitung aufwenden und verfügten – nicht zuletzt dank Großmüttern und Müttern – meist auch über gute Fähigkeiten in der Küche. So war es allgemein üblich, einfache selbstgekochte und wohlschmeckende Mahlzeiten auf den Tisch zu bringen und Reste äußerst ideenreich zu raffinierten neuen Gerichten zu verarbeiten.

Das Angebot an Lebensmitteln war noch deutlich überschaubarer, die Produkte waren nicht so hoch verarbeitet und mit unzähligen Zusatzstoffen aufgepeppt, wie es heute der Fall ist. Auf dem Speiseplan waren vor allem regionale Produkte zu finden. Fertiggerichte waren eher die Ausnahme als die Regel. Und wenn – wie es in vielen Familien vorkam – Schmalhans Küchenmeister war, gab es halt nur sonntags Fleisch, und das arbeitende Familienoberhaupt bekam das größte Stück davon. Meist wurden auch in der Woche mehrere Mahlzeiten am Tag gemeinsam eingenommen. Restaurantbesuche galten als Besonderheit, die man sich eher selten leisten konnte.

Heutzutage ist auch die Mehrzahl der Frauen berufstätig, es gibt deutlich mehr Single-Haushalte und bei langen Tagen außer Haus und vielfältigen Freizeitaktivitäten mangelt es oft an Zeit für den Einkauf frischer Produkte und die mehr oder weniger aufwendige Essenszubereitung.

Low-Carb

Low-Carb (aus dem Englischen: low = niedrig; carb = Abkürzung von carbohydrates = Kohlenhydrate) ist eine Ernährungsweise, bei der bewusst weniger Kohlenhydrate gegessen werden. Und das aus gutem Grund: Zu viele Kohlenhydrate machen nachweislich hungrig, dick und auf Dauer auch krank.

Kohlenhydrathaltige Lebensmittel lassen unseren Blutzucker ansteigen. Das ruft das Hormon Insulin auf den Plan. Es wird benötigt, damit der Zucker aus dem Blut in die Zellen gelangen kann und der Blutzuckerspiegel wieder in den Normalbereich gelangt. Je mehr Kohlenhydrate wir essen und je schneller der Blutzuckerspiegel ansteigt (etwa nach einer üppigen Nudelportion, belegten Brötchen oder Süßigkeiten), umso mehr Insulin wird benötigt, um den Blutzucker wieder auf sein normales Niveau zu senken. Fällt der Blutzuckerspiegel aufgrund großer Insulinmengen entsprechend rasch nach unten, entsteht schnell ein unangenehmes Heißhungergefühl. Der Griff zu weiteren kohlenhydrathaltigen Speisen verspricht Abhilfe. Doch damit setzt sich die Spirale aus Blutzuckeranstieg und nachfolgender Insulinausschüttung erneut in Gang. Auf diese Weise kommen schnell mehr Kalorien zusammen, als verbraucht werden – besonders dann, wenn es an Bewegung mangelt. Die überflüssige Energie wird in Form von Fett gespeichert und lässt die »Rettungsringe« wachsen. Leider wird man die mit einer kohlenhydratbetonten Ernährung auch so schnell nicht wieder los: Denn hohe Insulinspiegel fördern nicht nur die Speicherung von Fett, sondern hemmen auch seine Verbrennung.

Mit einer Reduzierung der Kohlenhydrate lässt sich dieser Kreislauf wirkungsvoll durchbrechen und es gelingt ganz einfach, sein Gewicht nachhaltig zu reduzieren und/oder zu stabilisieren. Abnehmen wirkt sich günstig auf den Stoffwechsel aus. Aber – und das zeichnet die Low-Carb-Ernährung besonders aus – auch ganz ohne Gewichtsverlust verbessern sich Blutwerte wie Cholesterin, Triglyceride, Harnsäure, Entzündungsmarker und auch der Blutdruck. Optimale Voraussetzungen, um Zivilisationskrankheiten wie Typ-2-Diabetes, Erkrankungen des Herz-Kreislauf-Systems, einer Fettleber oder Gicht wirkungsvoll zu begegnen.

Low-Carb → LOGI

Mit einer täglichen Kohlenhydratmenge von 80 bis 130 Gramm ist die wissenschaftlich fundierte LOGI-Methode eine moderate, äußerst flexible und praxistaugliche Variante der Low-Carb-Ernährung. Die Abkürzung LOGI stammt ebenfalls aus dem Englischen (»**LO**w **G**lycemic and **I**nsulinemic Diet«) und steht für eine Ernährung, die niedrige Blutzuckerspiegel und eine geringe Insulinausschüttung fördert. Anstelle von Kohlenhydraten stehen ballaststoff- und wasserreiche Nahrungsmittel, Eiweiß und gesunde Fette im Mittelpunkt, aus denen abwechslungsreiche und schmackhafte Mahlzeiten entstehen. Sie sorgen für eine gute und lang anhaltende Sättigung, eine optimale Versorgung mit allem, was der Organismus braucht, und tun dem Stoffwechsel in vielfältiger Weise gut.

Die LOGI-Pyramide

Dank der LOGI-Pyramide ist die Umsetzung der LOGI-Ernährung kinderleicht. Sie unterstützt Sie bei Ihrer täglichen Lebensmittelauswahl.

Die Basis der LOGI-Ernährung bilden Gemüse, Salate und Pilze sowie vorwiegend zuckerarme Früchte wie etwa Beeren. Hinzu kommen hochwertige Fette und Öle (z.B. Rapsöl, Olivenöl, Butter, Leinöl). Sie sind Lieferanten wertvoller Fettsäuren, Transporteure fettlöslicher Vitamine und vor allem auch Geschmacksträger. Fleisch, Geflügel und Fisch sowie Milch und Milchprodukte sorgen für eine gute Eiweißversorgung. Auch Nüsse und Hülsenfrüchte sind bestens mit LOGI vereinbar.

Bei Brot und Backwaren sollte die Vollkornvariante bevorzugt werden. Aufgrund des Ballaststoffgehalts steigt der Blutzucker etwas langsamer an und die Sättigung ist besser als bei der »leeren« Weißmehlvariante. Aber Achtung: Hier ist die Menge entscheidend! Pro Tag sollten es nicht mehr als ein bis zwei Scheiben Vollkornbrot oder eine kleine Portion Backwaren sein. Kleine Portionen: Das gilt auch für Kartoffeln oder Nudeln (al dente!).

Baguette, Toast, Weißbrot, Backwaren, Süßigkeiten oder gesüßte Getränke sind zwar nicht grundsätzlich verboten, sollten aber eher selten verzehrt werden, weil sie den Blutzucker schnell in die Höhe treiben.

Mit der LOGI-Low-Carb-Ernährung verhindern Sie starke Blutzuckeranstiege und -schwankungen und entsprechend hohe Insulinausschüttungen. Auf diese Weise unterstützen Sie Ihren Stoffwechsel optimal – für mehr Wohlbefinden, Leistungsfähigkeit und Gesundheit.

Noch mehr Informationen finden Sie im Internet auf www.logi-aktuell.de.

Ein Beitrag der systemed-Redaktion

Das Lebensmittelangebot hat sich vervielfacht und ist nahezu rund um die Uhr zugänglich. Auch exotische Produkte sind in der Regel meist ganzjährig und zu vergleichsweise verträglichen Preisen erhältlich. Dank Halbfertig- und Fertigprodukten und einer neuen To go- und Lieferservice-Kultur sind Kochkenntnisse beinahe überflüssig geworden.

Und dennoch: Bei all den Möglichkeiten, die wir heute haben, ist die Sehnsucht nach Mutters Rouladen oder Omas Gemüseeintopf für viele geblieben. Allerdings müssen ein paar Veränderungen her, damit sich die in puncto Kohlenhydrate mitunter doch recht gehaltvollen Gerichte nicht hartnäckig an den Hüften niederlassen oder den Stoffwechsel durcheinanderbringen.

Denn anders als früher müssen die wenigsten von uns heute noch körperlich hart arbeiten. Frühere Fußwege werden heute mit fahrbarem Untersatz zurückgelegt und der Bildschirm am Arbeitsplatz wird nach der Arbeit von vielen gerne gegen einen anderen Bildschirm gegenüber vom Sofa ausgetauscht. Da kommt es schnell zu einem massiven Kalorien- und Kohlenhydratüberschuss.

Die gute Nachricht: Viele traditionelle Gerichte lassen sich auch in einer kohlenhydratreduzierten und damit figur- und stoffwechselfreundlichen Variante zubereiten, ohne dass Geschmack und Genuss dabei zu kurz kommen.

Gewusst wie: Classics à la Low-Carb

Selbstgemachtes Kartoffelpüree, Mehlschwitze oder panierte Schnitzel: Hmm, lecker! Aber doch eher nichts für eine Low-Carb-Mahlzeit, oder? Schließlich stecken darin eine Menge Kohlenhydrate, die den Blutzucker und in der Folge auch den Insulinspiegel in die Höhe treiben und den Stoffwechsel durcheinanderwirbeln.

Auch wenn Püree aus frischen Kartoffeln eine etwas geringere Blutzuckerwirksamkeit als Püree aus der Tüte hat – Low-Carb ist es nicht wirklich. Es sei denn, Sie beschränken sich auf eine kleine Portion. Das wäre eine Möglichkeit, die bei LOGI-Low-Carb durchaus gegeben ist. Die andere ist, dass Sie sich für eine kohlenhydratarme Alternative entscheiden und anstelle von Kartoffeln Blumenkohl, Sellerie, Karotten, Kohlrabi oder Kürbis zur Zubereitung eines Pürees verwenden. Damit reduzieren Sie den Kohlenhydratgehalt Ihres Pürees um etwa zwei Drittel. Auch Pastinaken lassen sich bestens für Püree verwenden. Sie liegen im Kohlenhydratgehalt allerdings näher an der Kartoffel als andere Gemüsearten. Werden sie jedoch z. B. mit Möhren kombiniert, lässt sich auch hier der Kohlenhydratgehalt weiter reduzieren, wie etwa beim Rezept auf Seite 38.

Anstelle von Reis eignet sich vor allem geriebener Blumenkohl als kohlenhydratarme Beilage. Wer nicht auf Nudeln verzichten möchte, kann eine Gemüsevariante – etwa Bandnudeln oder Spaghetti aus Zucchini oder Möhren – servieren oder eine der zahlreichen Low-Carb-Nudelsorten probieren, die inzwischen angeboten werden. Hier reicht die Palette von Nudeln aus Hülsenfrüchten über Shiratakinudeln aus der Konjakwurzel bis hin zu Algennudeln. Da wird es dann allerdings doch schon wieder recht exotisch und hat nicht mehr viel mit der klassischen Küche zu tun.

Pastinake

Die Pastinake wurde von der Kartoffel abgelöst. Bis dahin galt das Wurzelgemüse in Deutschland als Grundnahrungsmittel. Der Geschmack des Herbst-/Wintergemuses ist mit dem der Petersilienwurzel vergleichbar, jedoch deutlich milder. Das kegelförmige Gemüse ist reich an Ballaststoffen, Mineralstoffen wie Kalium, Magnesium und Zink sowie Folsäure. Pastinaken können sowohl roh im Salat als auch gekocht für Pürees und Suppen verwendet werden oder gebacken auf den Tisch kommen. Pastinakenpüree gehört zu den Klassikern der englischen Küche.

Auch Saucen müssen nicht zwingend mit Mehl gebunden werden und damit unnötige Kohlenhydrate liefern. Als alternative Bindemittel für LOGI-Low-Carb eignen sich

Kichererbsenmehl mit einem Kohlenhydratgehalt, der ein Drittel unter dem von herkömmlichem Mehl liegt, kohlenhydratarmes Mandel- oder Kokosmehl sowie das stark quellfähige Johannisbrotkernmehl, das aufgrund der geringen Mengen, die benötigt werden, die Kohlenhydratbilanz gänzlich unberührt lässt.

Mit diesen Produkten lassen sich Fleisch-, Fisch- oder Gemüsefonds sowie Suppen binden und auch Mehlschwitzen zubereiten. Für Letztere geben Sie wie bei einer »normalen« Mehlschwitze Fett in einen Topf, rühren dann zügig das kohlenhydratarme Mehl oder eine kleine Menge Johannisbrotkernmehl ein und gießen dies anschließend wie gewohnt mit Flüssigkeit auf.

ÜBRIGENS: Die genannten Mehle eignen sich auch für die Herstellung von kohlenhydratbewussten Backwaren.

Wer bei Fleisch, Geflügel oder Fisch nicht auf eine Panade verzichten möchte, kann ebenfalls aus vielen kohlenhydratarmen Varianten wählen. So eignet sich dafür beispielsweise eine Mischung aus gemahlenen Mandeln, Kokosraspeln und getrocknetem Rosmarin, die statt Paniermehl zum Einsatz kommt und zunächst vielleicht etwas ungewohnt, aber sehr lecker schmeckt. Auch fein geriebener Parmesan ergibt eine gute Panade. Sie dürfte einigen schon in etwas anderer Form und mit etwas mehr Kohlenhydraten (zusätzliches Mehl und Weißbrot) von »Piccata Milanese«, einem typisch italienischen Gericht, bekannt sein.

Wer wie zu Mutters oder Omas Zeiten auf die Prise Zucker als Gegengewicht zum würzigen, sauren Geschmack schwört (etwa am Salat), braucht bei LOGI-Low-Carb nicht darauf zu verzichten. Derart kleine Mengen haben keinen nennenswerten Einfluss auf Blutzucker- und Insulinspiegel. Kohlenhydrat-Sparfüchse können aber auch Süßstoffe wie Stevia oder Zuckeralkohole wie Xylit und Erythrit verwenden, die nicht blutzuckerwirksam sind.

Klassische Küchentipps

Mit einer Glasmurmel das Anbrennen verhindern? Ja, das funktioniert, etwa bei Suppen oder Milch. Wenn die saubere Glasmurmel beim Kochen über den Topfboden rollt, brennt nichts mehr an.

Hartgekochte Eier, die man erst später verwenden möchte, sollten nach dem Kochen nicht abgeschreckt werden. Dadurch würde die natürliche Schutzschicht der Eierschale zerstört und es könnten leichter Keime eindringen, die das Ei schneller verderben lassen.

Parmesankäse lagern Sie am besten in Butterbrotpapier eingewickelt. So wird er nicht zu hart und schimmelt nicht.

Im Kopfstand bleiben Quark und Joghurt länger frisch. Damit verringert sich die Wahrscheinlichkeit, dass Bakterien in den Becher gelangen und zum schnellen Verderb führen.

Gebratenes Gemüse wird richtig lecker, wenn Sie es in sehr heißem Schweineschmalz braten. Verwenden Sie am besten gut erkaltetes Gemüse, z. B. vom Vortag. Ist das Gemüse noch warm, saugt es deutlich mehr Fett auf.

Gewürze, die nach dem Kochen wieder entfernt werden, geben Sie am besten in einen Teefilter aus Papier, den Sie zuknoten. So haben Sie alles gut »im Griff« und müssen nicht im Trüben fischen.

Wenn Sie einen Brokkoli im Ganzen garen möchten, sollten Sie diesen senkrecht in den Topf geben. So haben Stiele und Blüten nach dem Garen den gleichen Garzustand.

Bratwürste platzen nicht so leicht und schrumpfen beim Braten nicht, wenn Sie sie vor dem Braten etwa 10 Minuten in heißem Wasser ziehen lassen. Bevor die Würste in die Pfanne kommen, sollten sie jedoch sehr gut abgetrocknet werden.

Blumenkohl bleibt weiß, wenn Sie etwas Milch ins Kochwasser geben. Besonders zart wird er, wenn Sie ihn in Mineralwasser kochen. Natürlich können Sie auch beides miteinander kombinieren.

Sie können Sauerrahm gut selbst herstellen, indem Sie zu 150 ml Sahne etwa 5 ml Zitronensaft geben. Rühren Sie die Masse gut durch und lassen Sie die Sahne anschließend dick werden.

Benötigen Sie nur ein paar Tropfen Zitronensaft, können Sie die Zitrone für einen Moment in warmes Wasser legen, anschließend mit einem Zahnstocher ein Loch in die Schale stechen und dann die gewünschte Menge herauspressen. Die angestochene Zitrone trocknet nicht so schnell aus wie eine halbierte.

Weinreste lassen sich gut in einem Eiswürfelbehälter einfrieren. So haben Sie immer kleine Portionen zum Verfeinern einer Sauce zur Hand.

Wenn Sie zum Ei, das Sie zum Panieren verwenden, zusätzlich einige Tropfen Öl geben, haftet die Panade deutlich besser.

Leberknödelsuppe

Für 4 Personen
Zubereitungszeit: 45 Minuten

- 1 Zwiebel
- 10 g Butter
- 300 g Rinderleber
- 1 EL gehackter Schnittlauch
- 20 g Eiweißpulver
- 1 EL gehackter Majoran (ersatzweise 2 g getrockneter Majoran)
- 2 Eier (Größe L)
- 3 mittelgroße Karotten
- 1 kleiner Knollensellerie
- 2 Stangen Lauch
- 1 Liter Rinderbrühe
- Salz und Pfeffer

1 Portion (ca. 570 g): 235 kcal, 26,5 g Eiweiß (47 E%), 7,8 g Fett (31,5 E%), 12,1 g Kohlenhydrate (21,5 E%)

01 Zwiebel schälen und fein würfeln. Butter in einer kleinen Pfanne erhitzen, Zwiebel darin glasig dünsten.

02 Die Leber in grobe Stücke schneiden und im Universalzerkleinerer fein hacken.

03 Anschließend mit der gedünsteten Zwiebel, dem Schnittlauch, dem Eiweißpulver, dem Majoran und den Eiern gut verkneten. Dann kräftig mit Salz und Pfeffer würzen und beiseitestellen.

04 Karotten und Sellerie schälen, Lauch putzen. Das Gemüse zunächst in längliche Stücke und dann in feine Streifen schneiden.

05 Aus dem Leberknödelteig mit angefeuchteten Händen ca. 12 kleine Knödel formen.

06 Die Brühe erhitzen und die Leberknödel darin 15–20 Minuten gar ziehen lassen. 5 Minuten vor Ende der Garzeit die Gemüsestreifen zugeben und mitgaren.

07 Die Suppe vor dem Servieren nochmals mit Salz und Pfeffer abschmecken.

Kohlsuppe

Für 4 Personen
Zubereitungszeit: 40 Minuten

- 3 Möhren
- 1 Bund Lauchzwiebeln
- 3 Stangen Staudensellerie
- 1 rote Paprikaschote
- 1 halber Kopf Weißkohl (ca. 600 g)
- 1 Liter Gemüsebrühe
- 1 Dose geschälte Tomaten (425 ml)
- 4 EL Hüttenkäse
- Salz, Pfeffer

1 Portion (ca. 420 g): 160 kcal, 7 g Eiweiß (18,5 E%), 6,1 g Fett (36 E%), 17,2 g Kohlenhydrate (45,5 E%)

01 Die Möhren schälen, waschen und in Scheiben schneiden. Lauchzwiebeln und Staudensellerie putzen (4 Staudensellerieblättchen zum Garnieren zur Seite legen), waschen und in Ringe schneiden.

02 Paprika vierteln, entkernen, waschen und in Streifen schneiden. Den Kohl putzen, den Strunk entfernen und die Kohlblätter in mundgerechte Stücke schneiden. In einem Topf Brühe, Tomaten und Gemüse mischen und 15–20 Minuten zugedeckt bei mittlerer Hitze garen. Mit Salz und Pfeffer würzen.

03 Zum Servieren die Suppe in tiefen Tellern anrichten und mit Hüttenkäse und den Sellerieblättern garnieren.

Caesars Salad mit Entenbrust

Für 4 Personen
Marinierzeit für die Entenbrust: über Nacht, mindestens jedoch 1-2 Stunden
Zubereitungszeit: 45 Minuten

Für die Entenbrust:

- 1 Knoblauchzehe
- 1 rote Chilischote
- 1 Zimtstange, 1 EL schwarze Pfefferkörner, 1 EL rosa Pfefferbeeren
- 4 EL Olivenöl
- abgeriebene Schale von 1 Bio-Limette
- 400 g Entenbrust

Für das Dressing:

- 1 kleine Knoblauchzehe
- 1 Eigelb (von einem Ei Größe L)
- 1 EL scharfer Senf
- 1 EL Zitronensaft
- 40 ml Rapsöl
- 80 ml Milch (1,5 % Fett)
- 50 g fein geriebener Parmesan
- 2 EL Weißweinessig
- Salz, Pfeffer

Für den Salat:

- 300 g Römersalat
- 6 große Strauchtomaten
- 80 g Sardinen (küchenfertig)
- 20 g Butterschmalz
- Salz

1 Portion (ca. 425 g): 595 kcal, 30,6 g Eiweiß (20,4 E%), 49,6 g Fett (75 E%), 6,8 g Kohlenhydrate (4,6 E%)

01 Zum Marinieren der Entenbrust den Knoblauch schälen und fein hacken. Die Chilischote längs halbieren, entkernen und fein hacken. Dann Zimt, Pfefferkörner und -beeren in einem Mörser fein zermahlen. Das Olivenöl mit den vorbereiteten Zutaten und der abgeriebenen Limettenschale verrühren. Die Entenbrust waschen, trocken tupfen und in dünne Scheiben schneiden. Die Marinade in einen Gefrierbeutel geben und das Fleisch über Nacht darin ziehen lassen.

02 Am Folgetag für das Dressing den Knoblauch schälen und fein hacken. In einer Schüssel Eigelb, Senf und Zitronensaft verrühren. Das Öl erst tropfenweise, dann in einem dünnen Strahl zügig mit einem Schneebesen unterrühren. Knoblauch, Milch, Parmesan und Essig untermischen und das Ganze mit Salz und Pfeffer würzen.

03 Den Backofen auf 160° (Umluft) vorheizen.

04 Den Römersalat putzen und waschen. Die Tomaten ebenfalls waschen, vom Strunk befreien und in dünne Scheiben schneiden. Die Sardinen waschen und abtropfen lassen.

05 Die marinierte Entenbrust aus dem Beutel nehmen und mit Küchenpapier trocken tupfen. Das Marinadenöl in einer feuerfesten Pfanne erhitzen und das Entenfleisch darin bei mittlerer Hitze 2–3 Minuten rundherum anbraten.

06 Anschließend die Pfanne in den vorgeheizten Backofen (Mitte) geben und das Fleisch etwa 15–18 Minuten fertig braten. Zwischendurch einmal wenden. Nach Ende der Garzeit die Entenbruststücke aus dem Backofen nehmen und in Alufolie gewickelt 8–10 Minuten ruhen lassen.

07 Zum Braten der Sardinen das Butterschmalz in einer Pfanne erhitzen. Die Sardinen leicht mit Salz würzen und im heißen Fett ca. 1–2 Minuten knusprig braten. Anschließend herausnehmen und kurz auf Küchenpapier abtropfen lassen.

08 Tomaten- und Entenbrustscheiben auf einem Teller anrichten. Den Salat in einer Schüssel mit dem Dressing vermengen und darauflegen. Abschließend die Sardinen zufügen und das Ganze sofort servieren.

Käse-Wurst-Salat

Für 4 Personen
Zubereitungszeit: 20 Minuten zzgl. 30 Minuten Zeit zum Durchziehen

- 4 kleine Zwiebeln
- 300 g Fleischwurst
- 2 Gewürzgurken (Glas, mit Stevia)
- 150 g Käse am Stück (z. B. Gouda oder Emmentaler)
- 6 Tomaten
- 4 EL Essig (z. B. Weißweinessig)
- 2 TL körniger Senf
- 2 EL Rapsöl
- 4 Stängel Petersilie
- einige Blätter Kopfsalat
- Salz, weißer Pfeffer

1 Portion (ca. 325 g): 450 kcal, 21,8 g Eiweiß (19,1 E%), 38,1 g Fett (75,9 E%), 5,7 g Kohlenhydrate (5 E%)

01 Die Zwiebeln schälen und in feine Ringe schneiden. Die Fleischwurst häuten und in Scheiben schneiden. Die Gurken in feine Scheiben, den Käse in Stifte schneiden. Tomaten waschen, vom Strunk befreien, halbieren und ebenfalls in dünne Scheiben schneiden.

02 Essig, Salz, Pfeffer und Senf verrühren, dann das Öl unterschlagen. Die vorbereiteten Zutaten mit der Marinade mischen und den Salat mindestens 30 Minuten ziehen lassen.

03 Die Petersilie waschen, die Blätter abzupfen und fein schneiden. Den Salat putzen, waschen, trocken schütteln und die Blätter etwas kleiner zupfen.

04 Die Salatblätter auf Tellern auslegen, den Käse-Wurst-Salat darauf anrichten und abschließend mit der Petersilie garnieren.

Hackbraten mit Wirsinggemüse

Für 4 Personen
Zubereitungszeit: 80 Minuten

- 1 Zwiebel
- 700 g Rinderhackfleisch
- 30 g Mandelmehl
- 2 Eier (Größe L)
- 2 EL mittelscharfer Senf
- 1 EL Tomatenmark
- 1 großer Wirsingkohl (ca. 1,2 kg)
- 30 g Butter
- 100 ml Gemüsebrühe
- 200 g Süßkartoffeln
- 1 TL Butterschmalz
- 1 Bund krause Petersilie
- Salz, Pfeffer, Kümmelpulver

1 Portion (ca. 530 g): 645 kcal, 49,5 g Eiweiß (30,6 E%), 41,3 g Fett (58,1 E%), 18,2 g Kohlenhydrate (11,3 E%)

01 Backofen auf 160° (Umluft) vorheizen. Ein Backblech mit Backpapier auslegen.

02 Die Zwiebel schälen und fein würfeln. Hackfleisch, Mandelmehl, Eier, Zwiebel, Senf und Tomatenmark miteinander verkneten. Mit Salz und Pfeffer würzen. Die Masse zu einem länglichen Braten formen und diesen auf das Backblech des Backofens setzen. Im vorgeheizten Backofen ca. 60 Minuten garen.

03 Den Wirsing putzen, waschen und die groben Blattrippen ausschneiden. Die Blätter in feine Streifen schneiden. Butter in einem großen Topf erhitzen und den Wirsing darin 6–8 Minuten dünsten. Die Brühe angießen und das Wirsinggemüse zugedeckt unter gelegentlichem Rühren ca. 30 Minuten schmoren. Mit Kümmelpulver, Salz und Pfeffer würzen.

04 Die Süßkartoffeln waschen, schälen, fein würfeln und in reichlich kochendem Wasser ca. 6–8 Minuten garen. Dann abgießen. Das Butterschmalz in einer Pfanne erhitzen und darin die Kartoffeln 6–8 Minuten rösten, mit Salz und Pfeffer würzen.

05 Petersilie waschen, trocken schütteln, von den Stielen zupfen und hacken.

06 Den Braten aus dem Ofen nehmen, in Scheiben schneiden und mit dem Wirsing und den Süßkartoffeln auf Tellern anrichten. Mit Petersilie bestreuen und servieren.

Hühnerfrikassee mit grünem Spargel und Champignons

Für 4 Personen
Zubereitungszeit: 40 Minuten

- 1 EL Johannisbrotkernmehl
- 25 g weiche Butter
- 400 g weiße Champignons
- 400 g grüner Spargel
- 4 Stiele Estragon
- 400 g Hähnchenbrustfilet
- 3 EL Olivenöl
- 400 ml Geflügelbrühe
- 100 ml Weißwein
- 150 ml Schlagsahne
- 1 Lorbeerblatt
- 150 g Erbsen (TK)
- Saft von ½ Zitrone
- Salz, Pfeffer

1 Portion (ca. 500 g): 420 kcal, 32,9 g Eiweiß (32,4 E%), 25,7 g Fett (57,7 E%), 10 g Kohlenhydrate (9,9 E%)

01 Das Johannisbrotkernmehl und die Butter zu einem Kloß verkneten und kalt stellen.

02 Die Champignons putzen. Grünen Spargel im unteren Drittel schälen und die Enden abschneiden. Spargel schräg in dünne Scheiben schneiden. Blätter vom Estragon zupfen und grob hacken.

03 Die Hähnchenbrustfilets waschen, trocken tupfen und in ca. 2 cm große Würfel schneiden. Das Olivenöl in einer Pfanne erhitzen und die Hähnchenwürfel darin sanft anbraten, ohne dass dabei Röststoffe entstehen. Die Pilze in die Pfanne geben und kurz mitbraten.

04 Alles mit Geflügelbrühe, Weißwein und Schlagsahne auffüllen. Mit dem Lorbeerblatt, Salz und Pfeffer würzen und 20 Minuten bei mittlerer Hitze köcheln lassen.

05 10 Minuten vor Ende der Garzeit die Johannisbrotkernmehlbutter mit dem Schneebesen einrühren und die TK-Erbsen sowie den Spargel zugeben.

06 Vor dem Servieren das Lorbeerblatt entfernen und das Ganze mit Zitronensaft, Salz und Pfeffer abschmecken und mit Estragon verfeinern.

Rehtaschen mit gebratenen Dillgurken

Für 4 Personen
Zubereitungszeit: 35 Minuten

- 500 g Rehrücken
- 8 Scheiben roher Schinken (ca. 50 g)
- 8 frische Salbeiblätter
- 2 Salatgurken
- 1 Bund frischer Dill
- 4 EL Rapsöl
- 4 EL Frischkäse (60 % Fett i. Tr.)
- Salz, bunter Pfeffer
- 8 Zahnstocher

1 Portion (ca. 390 g): 335 kcal, 33,5 g Eiweiß (39,8 E%), 20,2 g Fett (54,4 E%), 4,9 g Kohlenhydrate (5,8 E%)

01 Den Rehrücken waschen und trocken tupfen. Anschließend das Fleisch in 2 cm dicke Filets schneiden. Diese mit einem sogenannten Schmetterlingsschnitt einschneiden, die Fleischscheibe aufklappen, vorsichtig plattieren (klopfen) und mit Salz und buntem Pfeffer würzen. Nun mit jeweils einer Scheibe Schinken und einem Salbeiblatt belegen, zusammenklappen und mit einem Zahnstocher fixieren.

02 Die Gurken schälen, längs halbieren, entkernen und in 1 cm dicke Halbmonde schneiden. Den Dill waschen, von den Stielen befreien und fein hacken.

03 2 EL Öl in einer Pfanne erhitzen und die Filet-Taschen darin von jeder Seite 3–4 Minuten anbraten.

04 Das restliche Öl in einer weiteren Pfanne erhitzen und die Gurken ca. 2 Minuten scharf anbraten. Anschließend Frischkäse und Dill zugeben und mit Salz und buntem Pfeffer würzen.

05 Die Filet-Taschen zum Gurkengemüse in die Pfanne geben und dort weitere 3–4 Minuten fertig garen.

06 Vor dem Servieren die Zahnstocher aus dem Fleisch entfernen und dieses zusammen mit dem Gurkengemüse servieren.

TIPP: Wer sich den Schmetterlingsschnitt selbst nicht zutraut, sollte sich das Fleisch schon beim Metzger vorbereiten lassen.

Klopse nach Königsberger Art mit Blumenkohlreis

Für 4 Personen
Zubereitungszeit: 40 Minuten

- 1 große Zwiebel
- 30 g Butter
- 2 Anchovis
- 500 g gemischtes Hackfleisch
- 1 Ei (Größe L)
- 1 EL Worcestersauce
- 1 Liter klare Fleischbrühe
- 1 großer Blumenkohl
- 250 ml Sahne
- 2 Eigelbe (von Eiern Größe L)
- abgeriebene Schale von ½ unbehandelten Zitrone
- 1 kleines Glas Kapern (Abtropfgewicht ca. 60 g)
- Dillblüten und Zitronenscheiben
- Salz, Pfeffer, Cayennepfeffer, Muskat

1 Portion (ca. 545 g): 670 kcal, 36,5 g Eiweiß (21,9 E%), 54,9 g Fett (72,9 E%), 8,7 g Kohlenhydrate (5,2 E%)

01 Die Zwiebel schälen und fein würfeln. Die Hälfte der Butter erhitzen und die Zwiebelwürfel darin weich schmoren. Die Anchovis fein hacken.

02 Hackfleisch, Anchovis, Zwiebelwürfel und Ei miteinander verkneten. Mit Salz, Pfeffer, Cayennepfeffer und der Worcestersauce würzen. Anschließend aus der Hackmasse 12 Klöße formen.

03 Dann die Fleischbrühe aufkochen lassen, die Klößchen hineingeben und diese bei schwacher Hitze ca. 10 Minuten gar ziehen lassen.

04 Zwischenzeitlich den Blumenkohl putzen, waschen und in Röschen teilen. Den rohen Blumenkohl mit einer Küchenmaschine zerkleinern. Die restliche Butter in einer Pfanne erhitzen und den Blumenkohlreis darin ca. 3–4 Minuten anbraten. Mit Salz, Pfeffer und Muskat würzen.

05 Die Fleischklöße nach Ende der Garzeit aus der Brühe nehmen und warm stellen. Die Brühe durch ein Sieb gießen und auffangen. 200 ml Sahne zugießen, das Ganze aufkochen und um die Hälfte einreduzieren lassen. Die restliche Sahne mit den Eigelben verrühren und unter kräftigem Rühren in die heiße Sauce geben, bis diese andickt. Dabei unbedingt darauf achten, dass die Sauce nicht mehr kocht!

06 Die Sauce mit Zitronenschale, Cayennepfeffer und Worcestersauce verfeinern. Dann die Kapern unterrühren. Die Klopse in die Sauce geben und darin erwärmen.

07 Diese anschließend zusammen mit dem Blumenkohlreis auf Tellern anrichten. Mit Dillblüten und Zitronenscheiben garnieren und servieren.

Fleischküchle mit geröstetem Krautsalat und Paprikadip

Für 4 Personen
Zubereitungszeit: 30 Minuten

- 400 g Rinderhackfleisch
- 150 g Bratwurstgehäck
- 2 Eier (Größe M)
- 3 g Oregano (getrocknet)
- 1 TL Paprika
- 1 Weißkohl (ca. 1 kg)
- 4 EL Rapsöl
- 2 EL Aceto balsamico, hell oder dunkel
- 1 rote Paprika
- 200 g Speisequark (Magerstufe)
- Salz, Pfeffer, Muskat, Kümmel

1 Portion (ca. 455 g): 560 kcal, 38,6 g Eiweiß (27,9 E%), 39,6 g Fett (63,4 E%), 12 g Kohlenhydrate (8,7 E%)

01 Das Hackfleisch gut mit dem Bratwurstgehäck, den Eiern, Oregano, Paprikapulver, Salz und Pfeffer vermengen.

02 Den Weißkohl vom Strunk befreien und anschließend fein hobeln. 2 EL Öl in einer beschichteten Pfanne erhitzen und den Kohl ca. 5 Minuten darin anrösten. Mit Muskat, Kümmel, Essig, Salz und Pfeffer würzen und beiseitestellen.

03 Für den Dip die Paprika waschen, entkernen und in feine Würfel schneiden. Diese mit dem Quark mischen und das Ganze mit Salz und Pfeffer abschmecken.

04 Das restliche Öl in einer beschichteten Pfanne erhitzen und die Fleischküchle darin ca. 4–5 Minuten von jeder Seite anbraten.

05 Anschließend zusammen mit dem lauwarmen Krautsalat und dem Paprikadip servieren.

Geschmortes Kaninchen

Für 4 Personen
Zubereitungszeit: 45 Minuten

- 1 kg Kaninchenkeule (Fleischanteil ca. 600 g)
- 4 Zwiebeln
- 4 Knoblauchzehen
- 2 EL Olivenöl
- 1 Knollensellerie
- 2 Zucchini
- 3 g Thymian (getrocknet)
- 250 ml Rotwein (halbtrocken)
- 375 g geschälte Tomaten (Dose, inkl. Saft)
- Salz, Pfeffer

1 Portion (ca. 575 g): 420 kcal, 36,8 g Eiweiß (34,9 E%), 20,9 g Fett (45,1 E%), 11,9 g Kohlenhydrate (11,3 E%, 5,1 g Alkohol (8,7 E%)

01 Backofen auf 175° (Umluft) vorheizen.

02 Die Kaninchenkeulen waschen und trocken tupfen.

03 Zwiebeln und Knoblauch schälen und vierteln. Das Öl in einem Bräter erhitzen. Zwiebeln und Knoblauch darin zusammen mit den Keulen 2–3 Minuten von beiden Seiten scharf anbraten.

04 Den Sellerie schälen, der Länge nach halbieren, vierteln und in ca. 2 cm große Stücke schneiden. Die Zucchini waschen, der Länge nach vierteln und ebenfalls in kleine Stücke schneiden.

05 Sellerie und Zucchini zusammen mit den Kaninchenkeulen weitere 3–4 Minuten anbraten und mit Thymian, Salz und Pfeffer würzen. Danach alles mit Rotwein und den geschälten Tomaten ablöschen. Die Keulen im Schmortopf im vorgeheizten Backofen auf mittlerer Schiene ohne Deckel ca. 30 Minuten schmoren.

06 Zum Servieren die Keulen zusammen mit dem Gemüse und dem Schmorfond auf Tellern anrichten.

TIPP: Sollten Kinder mitessen, verwenden Sie anstelle des Rotweins einfach roten Traubensaft.

Entenkeulen mit grünen Bohnen und Schalotten

Für 4 Personen
Zubereitungszeit: 105 Minuten

- 4 Entenkeulen (à 300 g)
- 2 EL Rapsöl
- 20 Schalotten
- 2 Knoblauchzehen
- ½ Liter Geflügelfond
- 800 g Brechbohnen (TK)
- 1 Zweig Beifuß
- Salz, Pfeffer, Paprika

1 Portion (ca. 535 g): 645 kcal, 35,8 g Eiweiß (21,9 E%), 49,1 g Fett (68 E%), 16,7 g Kohlenhydrate (10,1 E%)

01 Backofen auf 180° (Umluft) vorheizen.

02 Die Entenkeulen von beiden Seiten mit Salz, Pfeffer und Paprika würzen. Das Öl in einer Pfanne erhitzen und das Fleisch beidseitig anbraten.

03 In der Zwischenzeit die Schalotten schälen. Knoblauch ebenfalls schälen und in feine Scheiben schneiden. Die Schalotten zusammen mit den Entenkeulen und dem Knoblauch in einen Bräter geben. Den Geflügelfond angießen. Im vorgeheizten Backofen (Mitte) ca. 1,5 Stunden garen.

04 20 Minuten vor Ende der Garzeit die Bohnen unter die Gänsekeulen legen. Den Beifuß ebenfalls zugeben.

05 Den Beifuß nach Ende der Garzeit wieder herausnehmen, das Gemüse auf einer Platte anrichten und die Gänsekeulen dazu servieren.

Bayrische Schweinshaxe mit Sauerkraut und Petersilienwurzeln

Für 4 Personen
Zubereitungszeit: 180 Minuten

- 3 Zwiebeln
- 1 Bund Suppengrün
- 2 Schweinshaxen mit Schwarte (à ca. 600 g)
- 6 Lorbeerblätter
- 30 g Butterschmalz
- 10 Wacholderbeeren
- 1 TL Kümmel
- 800 g frisches Sauerkraut
- 250 ml Gemüsebrühe
- 50 ml Apfelsaft
- 500 g Petersilienwurzeln
- Salz und Pfeffer

1 Portion (ca. 530 g): 380 kcal, 29,8 g Eiweiß (32,5 E%), 22,9 g Fett (56,6 E%), 9,9 g Kohlenhydrate (10,9 E%)

01 Backofen auf 175° (Umluft) vorheizen.

02 Die Zwiebeln schälen und die Hälfte davon vierteln. Suppengrün putzen, waschen und in grobe Stücke schneiden. Die Haxen waschen. Die vorbereiteten Zwiebeln, 3 Lorbeerblätter, das Suppengrün, Salz, Pfeffer und die Haxen in einen großen Topf geben. Das Ganze mit Wasser bedecken, aufkochen lassen und bei mittlerer Hitze ca. 1 Stunde köcheln.

03 Nach Ende der Garzeit die Haxen aus der Brühe heben. Die Brühe anschließend durch ein Sieb gießen, einen halben Liter abmessen und beiseitestellen. Die Haxen auf die Fettpfanne des Backofens setzen. Im Backofen ca. 1 ¾ Stunden backen. Nach und nach mit der beiseitegestellten Brühe und dem entstandenen Schmorfond begießen.

04 In der Zwischenzeit die restlichen Zwiebeln fein würfeln. Die Hälfte vom Butterschmalz in einem Topf erhitzen und darin kurz die Zwiebelwürfel, die restlichen Lorbeerblätter, die Wacholderbeeren und den Kümmel andünsten. Dann das Sauerkraut zugeben. Das Ganze mit der Gemüsebrühe ablöschen, mit Apfelsaft, Salz und Pfeffer abschmecken und ca. 40 Minuten schmoren lassen.

05 15 Minuten vor Ende der Garzeit die Petersilienwurzeln schälen und in feine Scheiben schneiden. Anschließend in einer Pfanne mit dem restlichen Butterschmalz goldbraun braten.

06 Nach Ende der Garzeit die Schweinshaxen mit dem Sauerkraut und den Petersilienwurzeln auf einer Platte anrichten und servieren.

TIPP: Die restliche Brühe kann im Kühlschrank ca. 2–3 Tage aufbewahrt und als Basisbrühe für eine leckere Suppe verwendet werden.

Geschmorte Rehkeule in Portwein

Für 4 Personen
Zubereitungszeit: 100 Minuten

- 600 g Rehkeule (Rollbraten)
- 3 EL Rapsöl
- 2 Knoblauchzehen
- 2 Zwiebeln
- 4 Möhren
- 100 g Steckrüben
- 3 rote Paprika
- 50 g Sardellen
- 100 g Speck
- 3 EL Tomatenmark
- ½ Liter Gemüsebrühe
- ⅛ Liter Portwein
- 2 Zweige Rosmarin
- 4 Zweige Salbei
- Salz, Pfeffer

1 Portion (ca. 580 g): 550 kcal, 40,3 g Eiweiß (29,9 E%), 29 g Fett (48,9 E%), 21,1 g Kohlenhydrate (15,7 E%), 4,2 g Alkohol (5,5 E%)

01 Backofen auf 180° (Umluft) vorheizen.

02 Das Rehfleisch mit Salz und Pfeffer würzen. Öl in einer Pfanne erhitzen und das Fleisch rundherum kurz anbraten. Anschließend in einen Bräter legen.

03 Knoblauch und Zwiebeln schälen und grob zerkleinern. Möhren ebenfalls schälen und in grobe Stücke schneiden. Steckrüben schälen und grob würfeln. Paprika küchenfertig vorbereiten, in Streifen schneiden und beiseitestellen.

04 Sardellen und Speck fein würfeln. Zwiebeln, Knoblauch, Sardellen und Speck 1–2 Minuten in einer Pfanne anbraten. Mit dem Tomatenmark verrühren und mit Gemüsebrühe und Portwein ablöschen. Nun alles zusammen mit den Möhren und Steckrüben über das Fleisch geben. Rosmarin und Salbei zufügen.

05 Den Rehbraten anschließend im vorgeheizten Backofen (Mitte) 75 Minuten schmoren lassen. 10 Minuten vor Ende der Garzeit die Paprikastreifen hinzugeben.

06 Das Rehfleisch mit dem Gemüse auf Tellern anrichten.

TIPP: **Wer keinen Alkohol verwenden möchte, kann alternativ auch Sauerkirschsaft nehmen.**

Weinsauerkraut mit Kassler und Speck

Für 4 Personen
Zubereitungszeit: 70 Minuten

- 800 g Weinsauerkraut (Dose)
- 4 Zwiebeln
- 3 Karotten
- 1 TL schwarze Pfefferkörner
- 2 Gewürznelken
- 1 Lorbeerblatt
- 1 Liter Wasser
- 500 g Kassler Kotelett am Knochen
- 150 g geräucherter, durchwachsener Speck
- 700 g Petersilienwurzeln
- 2 EL Rapsöl
- ¼ Bund Petersilie
- Salz und Pfeffer

1 Portion (ca. 620 g): 540 kcal, 31,9 g Eiweiß (23,9 E%), 35,9 g Fett (61,1E%), 20 g Kohlenhydrate (15 E%)

01 Sauerkraut waschen und abtropfen lassen.

02 Die Zwiebeln schälen und achteln. Die Karotten schälen und in grobe Stücke schneiden. Die Karottenstücke, die Zwiebeln und das Sauerkraut zusammen mit den Pfefferkörnern, den Gewürznelken und dem Lorbeerblatt sowie dem Wasser in einen Topf geben und aufkochen lassen. Dann Kassler und Speck zufügen und alles zugedeckt ca. 45 Minuten köcheln.

03 Petersilienwurzeln schälen, in feine Scheiben schneiden und mit kaltem Wasser bedecken. Dann zugedeckt in wenig kochendem Salzwasser ca. 10 Minuten garen. Anschließend abgießen und abdampfen lassen. Dann in einer heißen Pfanne mit Öl 3–4 Minuten stark anbraten.

04 Petersilie waschen, trocken schütteln und fein hacken.

05 Speck und Kassler aus dem Krauttopf heben und das Kassler vom Knochen lösen. In Scheiben schneiden und mit dem Kraut sowie den Petersilienwurzeln auf Tellern anrichten. Mit Petersilie garnieren und servieren.

Rinderroulade mit Spitzkohl und Selleriepüree

Für 4 Personen
Zubereitungszeit: 90 Minuten

- 4 dünne Rinderrouladen (aus der Hüfte; à ca. 120 g)
- 4 TL Senf (mittelscharf)
- 4 Scheiben Frühstücksspeck (à 10 g)
- 100 g Senfgurken (aus dem Glas)
- 2 mittelgroße Zwiebeln
- 3 EL Rapsöl
- 1 EL Tomatenmark
- 100 ml trockener Rotwein
- 200 ml klare Brühe (Instant)
- 1 Lorbeerblatt
- 1 mittelgroßer Sellerie (ca. 500 g)
- 40 g Frischkäse (20 % Fett i. Tr.)
- 1 Spitzkohl (ca. 800 g)
- 20 g Butter
- 1 TL Johannisbrotkernmehl
- 1 EL Honig
- Salz, Pfeffer, Muskatnuss
- Holzspieße

1 Portion (ca. 545 g): 415 kcal, 32,6 g Eiweiß (31,9 E%), 22,9 g Fett (51 E%), 13,6 g Kohlenhydrate (13,5 E%), 2,1 g Alkohol (3,6 E%)

01 Den Backofen auf 180° (Umluft) vorheizen.

02 Rouladen waschen, trocken tupfen und mit Salz und Pfeffer würzen. Jeweils mit 1 TL Senf bestreichen sowie mit einer Scheibe Frühstücksspeck und einer Senfgurke belegen. Rouladen aufrollen und mit Holzspießen feststecken.

03 Die Zwiebeln schälen und vierteln. Die restlichen Gurken abtropfen lassen, in kleine Würfel schneiden und beiseitelegen.

04 Das Öl in einem Schmortopf erhitzen und die Rouladen darin rundherum anbraten. Dann die Zwiebeln zufügen und mitbraten. Tomatenmark zugeben und anschwitzen. Das Ganze mit Rotwein und Brühe ablöschen und das Lorbeerblatt hinzufügen. Die Rouladen im vorgeheizten Backofen (Mitte) ca. 1 Stunde schmoren.

05 Zwischenzeitlich den Sellerie schälen, in grobe Stücke schneiden und in kochendem Salzwasser ca. 15 Minuten garen. Anschließend den Sellerie abgießen, mit einem Stampfer zerkleinern und mit dem Frischkäse mischen. Mit Salz und Pfeffer abschmecken.

06 Den Spitzkohl putzen, waschen und vierteln. Strunk herausschneiden und die Kohlviertel in grobe Streifen schneiden. Dann die Butter erhitzen und den Kohl darin ca. 5 Minuten dünsten. Mit Salz und Muskat würzen.

07 Die Rouladen nach Ende der Garzeit aus dem Topf nehmen und warm stellen.

08 Die Sauce aufkochen lassen. Johannisbrotkernmehl mit etwas kaltem Wasser glatt rühren, in die Sauce einrühren und alles zusammen nochmals aufkochen lassen. Mit Honig, Salz und Pfeffer abschmecken.

09 Die Rouladen mit Spitzkohlgemüse und Selleriepüree auf Tellern anrichten. Die Sauce über die Rouladen geben und mit den Gurkenwürfelchen garnieren.

INFO: Der Zuckergehalt von Senfgurken kann zwischen 1 und 10 g pro 100 g variieren. Achten Sie beim Einkauf darauf, ein Produkt mit möglichst wenig Zucker zu wählen.

Grünkohl mit Pinkel

Für 4 Personen
Zubereitungszeit: 90 Minuten

- 1 kg Grünkohl
- 2 Zwiebeln
- 30 g Schweineschmalz
- 375 ml Gemüsebrühe
- 100 g geräucherter durchwachsener Speck
- 500 g Kohlrabi
- 4 Pinkel (alternativ: Kochwurst oder Mettwurst)
- 20 g Butterschmalz
- 4 EL mittelscharfer Senf
- Salz, Pfeffer

1 Portion (ca. 575 g): 635 kcal, 25 g Eiweiß (15,7 E%), 45 g Fett (64 E%), 32,4 g Kohlenhydrate (20,3 E%)

01 Den Grünkohl waschen und portionsweise kurz in kochendem Wasser blanchieren. Die Kohlblätter auf einem Sieb abtropfen und etwas abkühlen lassen. Anschließend hacken.

02 Die Zwiebeln schälen und würfeln. Das Schweineschmalz in einem Topf erhitzen. Die Zwiebelwürfel darin andünsten. Den Kohl, 250 ml Brühe und den Speck zugeben, alles aufkochen lassen und ca. 1 Stunde schmoren.

03 Die Kohlrabis schälen, halbieren und in Halbmonde schneiden. Diese ca. 10 Minuten in kochendem Wasser garen.

04 20 Minuten vor Ende der Garzeit des Grünkohls den Pinkel zugeben und die restliche Brühe zugießen.

05 Kohlrabi abgießen und abschrecken. Das Butterschmalz in einer Pfanne erhitzen. Das Kohlrabigemüse darin unter Wenden goldbraun braten. Mit Salz und Pfeffer würzen.

06 Den Speck aus dem Grünkohl nehmen und in Scheiben schneiden. Den Grünkohl mit Salz und Pfeffer abschmecken und mit Pinkel, Speck und Kohlrabi auf Tellern anrichten. Dazu Senf reichen.

TIPP: Pinkel enthält Hafer- oder Gerstengrütze und daher auch Kohlenhydrate. Wer Kohlenhydrate sparen möchte, kann anstelle von Pinkel Mettwurst für dieses Gericht verwenden.

Rumpsteak mit Balsamico-Zwiebeln

Für 4 Personen
Zubereitungszeit: 30 Minuten

- 600 g kleine Champignons
- 400 g Zwiebeln
- 30 g Butter
- 20 g Erythrit
- 2 EL Crème fraîche
- 2 EL Balsamico-Creme
- 2 EL Sambal Oelek
- 4 Rumpsteaks (à ca. 200 g)
- 2 EL Rapsöl
- Salz, Pfeffer, Steakpfeffer

1 Portion (ca. 480 g): 440 kcal, 52,4 g Eiweiß (47,6 E%), 22,1 g Fett (45,6 E%), 7,5 g Kohlenhydrate (6,8 E%), enthält 5 g Zuckeralkohol Erythrit

01 Die Champignons putzen und vierteln. Zwiebeln schälen und in feine Ringe schneiden.

02 In einem breiten Topf die Butter erhitzen, das Erythrit zugeben und karamellisieren lassen. Pilze und Zwiebeln zufügen und kräftig anbraten. Dann die Crème fraîche einrühren und das Ganze ca. 15 Minuten schmoren lassen.

03 Anschließend die Balsamico-Creme und das Sambal Oelek unterrühren. Mit Salz und Pfeffer abschmecken.

04 Die Steaks waschen, trocken tupfen und den Fettrand einschneiden. Das Öl in einer Pfanne erhitzen und die Steaks von beiden Seiten 4–5 Minuten braten. Mit Steakpfeffer würzen.

05 Zum Servieren die Balsamico-Zwiebeln zusammen mit dem Rumpsteak auf Tellern anrichten.

Blumenkohlauflauf mit Hackfleisch und Pastinakenpüree

Für 4 Personen
Zubereitungszeit: 30 Minuten

- 300 g Pastinaken
- 2 Möhren
- 200 ml Milch (3,5 % Fett)
- 400 g gemischtes Hackfleisch
- 30 g Kokosfett
- 2 Zwiebeln
- 1 EL Rapsöl
- 1 großer Blumenkohl
- 200 g geriebener Käse (z. B. Gouda)
- Salz, Pfeffer, Muskatnuss

1 Portion (ca. 490 g): 635 kcal, 37,7 g Eiweiß (24 E%), 46,3 g Fett (65,3 E%), 16,9 g Kohlenhydrate (10,7 E%)

01 Backofen auf 200° (Umluft) vorheizen.

02 Pastinaken und Möhren schälen, waschen, in grobe Stücke schneiden und in Salzwasser ca. 8–10 Minuten weich kochen. Anschließend abgießen und zerdrücken. Dann die Milch unterrühren und das Püree mit Salz und Muskatnuss abschmecken.

03 Das Hackfleisch in Kokosfett krümelig anbraten und auf einem Teller beiseitestellen.

04 Die Zwiebeln schälen und in feine Ringe schneiden. Zwiebelringe im Rapsöl goldgelb braten.

05 Den Blumenkohl waschen und in Röschen zerteilen. Diese ins kochende Salzwasser geben und ca. 8–10 Minuten kochen lassen. Danach das Kochwasser abgießen.

06 Für den Auflauf zuerst das Pastinaken-Möhrenpüree, dann das Gehackte inklusive Bratfett, die Zwiebeln und zuletzt den Blumenkohl in eine Auflaufform schichten. Den Auflauf abschließend mit dem geriebenen Käse bestreuen und im vorgeheizten Backofen (Mitte) ca. 20 Minuten überbacken.

Steckrüben mit gepökelten Gänsekeulen

Für 4 Personen
Zubereitungszeit: 90 Minuten

- 4 gepökelte Gänsekeulen (à 350 g, am besten beim Metzger vorbestellen)
- 1 kg Steckrüben
- 2 Möhren
- 2 Zwiebeln
- ½ Liter Geflügelbrühe
- 3 Petersilienwurzeln
- 2 Stangen Lauch
- 1 Bund Petersilie
- 1 Stängel Beifußkraut
- Salz, Pfeffer

1 Portion (ca. 635 g): 600 kcal, 22,9 g Eiweiß (15,3 E%), 46,9 g Fett (71 E%), 20,6 g Kohlenhydrate (13,7 E%)

01 Die Gänsekeulen waschen, trocken tupfen und in einem großen Schmortopf ohne extra Fettzugabe ca. 5–6 Minuten anbraten.

02 Steckrüben und Möhren schälen, waschen und in Würfel schneiden. Die Zwiebeln schälen und achteln.

03 Die Keulen aus dem Schmortopf nehmen. Das vorbereitete Gemüse im Bratfett anbraten und mit wenig Salz und Pfeffer würzen. Die Brühe zugießen und die Keulen auf das Gemüse legen. Alles aufkochen und mit Deckel ca. 45 Minuten schmoren.

04 Die Petersilienwurzeln schälen, waschen und in Scheiben schneiden. Den Lauch putzen, waschen und in halbe Ringe schneiden. Das Gemüse ebenfalls in den Schmortopf geben und alles weitere 20 Minuten garen.

05 Die Petersilie waschen, trocken schütteln, fein schneiden und zum Gemüse geben. Alles nochmals mit Salz und Pfeffer abschmecken.

06 Zum Servieren das Steckrübengemüse mit den gepökelten Gänsekeulen auf Tellern anrichten. Beifuß als Garnitur anlegen.

Puten-Cordon bleu mit buntem Fitnesssalat

Für 4 Personen
Zubereitungszeit: 60 Minuten

Für die Cordons bleus:
- 600 g Putenschnitzel (4 Stück)
- 4 Scheiben Käse (z. B. Emmentaler)
- 4 Scheiben Kochschinken
- 1 Ei (Größe L)
- 50 g Mandelmehl
- 50 g Leinsamen, geschrotet
- 2 EL Butterschmalz

Für den Salat:
- 1 Kopfsalat
- 2 gelbe Paprikaschoten
- 2 Stangen Staudensellerie
- 1 Bund Radieschen
- 400 g Tomaten
- 2 hartgekochte Eier (Größe L)

Für das Dressing:
- 50 g Naturjoghurt (3,5 % Fett)
- Saft von ½ Zitrone
- 2 EL Aceto balsamico (hell)
- 1 Bund Schnittlauch
- Salz, Pfeffer

1 Portion (ca. 600 g): 515 kcal, 39,5 g Eiweiß (31,4 E%), 29,5 g Fett (53,1 E%), 19,5 g Kohlenhydrate (15,5 E%)

01 Putenschnitzel waschen, trocken tupfen, zwischen einen aufgeschnittenen Gefrierbeutel legen, flach klopfen und mit Salz sowie Pfeffer würzen.

02 Jedes Schnitzel auf einer Hälfte mit je 1 Scheibe Käse und Schinken belegen. Die andere Schnitzelhälfte darüber klappen.

03 Für die Panade das Ei in einem tiefen Teller verquirlen. Das Mandelmehl mit den Leinsamen vermischen.

04 Das Putenfleisch zunächst in Ei wenden, anschließend in der Panade wälzen und diese leicht andrücken.

05 In einer heißen Pfanne das Butterschmalz zerlassen und das Fleisch darin bei mittlerer Hitze schwimmend von beiden Seiten ca. 6–8 Minuten braten. Im Anschluss die Cordons bleus aus der Pfanne nehmen und auf einem Küchenpapier abtropfen lassen.

06 Den Kopfsalat waschen und putzen. Die Paprikaschoten halbieren, entkernen, waschen und in Streifen schneiden. Den Staudensellerie waschen und in feine Stücke schneiden. Die Radieschen putzen, waschen und ebenfalls in Scheiben schneiden. Tomaten waschen, vom Strunk befreien und achteln. Alle Salatzutaten in eine große Schüssel geben.

07 Für das Dressing Joghurt, Zitronensaft, Balsamico-Essig, Salz und Pfeffer verrühren. Das Dressing über den Salat geben und das Ganze vermengen.

08 Die Eier pellen, in Scheiben schneiden und zusammen mit dem Salat und den Cordons bleus auf Tellern anrichten. Vor dem Servieren das Gericht mit Schnittlauch garnieren.

Hamburger Labskaus à la Low-Carb

Für 4 Personen
Zubereitungszeit: 30 Minuten

- 100 g mehlig kochende Kartoffeln
- 100 g Petersilienwurzeln
- 100 g Pastinake
- 100 g Sellerie
- 400 g gegarte und geschälte Rote-Bete-Knollen (Kühlregal)
- 4 Gewürzgurken (mit Stevia)
- 100 ml Gurkenwasser (mit Stevia)
- 1 Dose Corned Beef (340 g)
- 2 EL Rapsöl
- 4 Eier (Größe L)
- 4 Rollmöpse (ca. 300 g)
- Salz, Pfeffer

1 Portion (ca. 475 g): 370 kcal, 35,9 g Eiweiß (38,7 E%), 17,8 g Fett (43,6 E%), 16,5 g Kohlenhydrate (17,7 E%)

01 Kartoffeln, Petersilienwurzel, Pastinake und Sellerie schälen, vierteln und in kochendem Salzwasser 15–18 Minuten garen.

02 Inzwischen die Hälfte der Roten Bete in grobe Stücke schneiden und zusammen mit den Gewürzgurken, dem Gurkenwasser und dem Corned Beef mit einem Mixstab fein pürieren (= Labskaus). Die übrige Rote Bete in dünne Spalten schneiden.

03 Das gegarte Gemüse abgießen und mit einer Gabel oder einem Kartoffelstampfer fein zerdrücken. Das Labskaus unterheben und bei milder Hitze erwärmen. Mit Salz und Pfeffer würzen.

04 Öl in einer Pfanne erhitzen und aus den Eiern darin Spiegeleier braten.

05 Das Labskaus auf Tellern anrichten und mit Rollmöpsen, Rote-Bete-Spalten und Spiegeleiern garnieren.

Zanderfilet im Weinsud

Für 4 Personen
Zubereitungszeit: 40 Minuten

- 800 g Zanderfilet (ca. 3 Filets)
- 200 g Riesling (mild)
- 200 g Sahne
- 5 mittelgroße Zucchini (ca. 1 kg)
- 60 g Butter
- 30 g Sauerampfer
- 1–2 TL Zitronensaft
- Schalenabrieb von 1 Bio-Zitrone
- Salz, Pfeffer

1 Portion (ca. 545 g): 540 kcal, 51 g Eiweiß (38,6 E%), 29,9 g Fett (49,9 E%), 8,1 g Kohlenhydrate (6,1 E%), 4,3 g Alkohol (8,1 E%)

01 Die Zanderfilets waschen, trocken tupfen, längs halbieren, in etwa 50 g schwere Portionsstücke schneiden und salzen. Den Riesling in eine hohe Pfanne geben und kurz aufkochen lassen. Die Zanderfilets hineinlegen und zugedeckt bei schwacher Hitze ca. 3 Minuten von jeder Seite gar ziehen lassen. Anschließend aus dem Sud nehmen, auf eine vorgewärmte Platte geben und warm stellen.

02 Die Sahne zum Wein gießen und auf zwei Drittel der Menge einkochen lassen.

03 In der Zwischenzeit die Zucchini waschen, längs halbieren und in dünne Scheiben schneiden. Ein Drittel der Butter schmelzen und die Zucchini darin ca. 4–6 Minuten anbraten, dann mit Salz und Pfeffer würzen und ebenfalls warm stellen.

04 Den Sauerampfer verlesen, die Stiele abschneiden und die Blätter waschen. Ein paar Blätter als Garnitur zur Seite legen. Den restlichen Sauerampfer abtropfen lassen und in feine Streifen schneiden.

05 Die verbliebene kalte Butter in Würfel schneiden und nach und nach mit einem Schneebesen in die einreduzierte Sauce rühren. Die Sauce nicht mehr kochen lassen! Den Sauerampfer zugeben und das Ganze mit Salz, Pfeffer und etwas Zitronensaft abschmecken.

06 Den Zander mit der Sauerampfer-Riesling-Sauce und Zucchinigemüse auf Tellern anrichten. Mit Sauerampferblättchen und Zitronenschalenabrieb garnieren und sofort servieren.

Wirsingwickerl mit Fisch-Nussfüllung und Sellerie-Möhrenstampf

Für 4 Personen
Zubereitungszeit: 60 Minuten

Für die Wirsingwickerl:
- 1 TL gemahlener Kümmel
- 1 kleiner Kopf Wirsing
- 600 g Seelachsfilet
- 2 Zwiebeln
- 5 g Butter
- 80 g gehackte Walnüsse
- 2 Eier (Größe L)
- je ½ TL getrockneter Majoran und Thymian
- 2 EL Rapsöl
- 1 Bund Frühlingszwiebeln
- 100 g Räucherspeck
- Rouladenspieße oder Zahnstocher
- Salz, Pfeffer und ½ TL edelsüßes Paprikapulver

Für den Sellerie-Möhrenstampf:
- 1 mittelgroßer Knollensellerie
- 4 Möhren
- 30 g Butter
- 200 ml Gemüsebrühe
- 2 EL Crème fraîche
- Salz, Pfeffer, Muskat

1 Portion (ca. 605 g): 650 kcal, 39,9 g Eiweiß (24,8 E%), 48,1 g Fett (63 E%), 14,4 g Kohlenhydrate (8,9 E%)

01 Einen großen Topf Salzwasser mit dem Kümmel zum Kochen bringen. Den Wirsing putzen und den Strunk tief aus dem ganzen Kopf herausschneiden. Im kochenden Wasser blanchieren und nach und nach die äußeren Blätter ablösen.

02 Die Seelachsfilets waschen, trocken tupfen und sehr fein würfeln.

03 Die Zwiebeln schälen, fein würfeln und in der Butter andünsten. Dann die Zwiebelwürfel, die Hälfte der Walnüsse und die Eier unter die Fischwürfel mengen. Mit Salz, Pfeffer, Majoran, Thymian und Paprika würzen.

04 Backofen auf 180° (Umluft) vorheizen.

05 4 große Wirsingblätter auf der Arbeitsfläche auslegen. Jeweils 2 EL von der Fisch-Nussmasse darauf verteilen, die Blätter von den Seiten über die Füllung schlagen, das Ganze fest einrollen und mit den Spießen fixieren.

06 Die Wirsingrouladen in einer heißen Pfanne mit Rapsöl von allen Seiten kräftig 1–2 Minuten anbraten. Anschließend die Wickerl in eine Auflaufform geben und mit 250 ml Krautkochwasser angießen. Mit Alufolie zugedeckt im Backofen (Mitte) für ca. 15–20 Minuten schmoren.

07 Zwischenzeitlich die Frühlingszwiebeln putzen und in feine Röllchen schneiden.

08 Den Speck fein würfeln, etwas von dem restlichen Kraut ebenfalls fein würfeln und alles zusammen mit den restlichen Nüssen und Frühlingszwiebeln in einer heißen Pfanne mit 1 TL Rapsöl 1–2 Minuten anbraten.

09 Für den Sellerie-Möhrenstampf die Möhren und den Sellerie schälen und in 1 cm große Stücke schneiden. Zusammen mit ca. 200 ml Brühe, etwa der Hälfte der Butter und etwas Salz in einem Kochtopf aufkochen und das Gemüse bei geringer Hitze weich kochen (ca. 20–25 Minuten). Sollte zu viel von der Flüssigkeit eingekocht sein, nochmals etwas Brühe nachgießen. Anschließend das Gemüse im Topf beiseitestellen und die restliche Butter sowie Crème fraîche hinzugeben und die Masse mit einem Stabmixer zu einem lockeren Püree pürieren. Mit Salz, Pfeffer und Muskat abschmecken.

10 Zum Servieren die Spieße aus den Wirsingwickerl nehmen, diese schräg anschneiden und zusammen mit dem Sellerie-Möhrenstampf und der Speckmischung auf Tellern anrichten.

TIPP: Je nach Geschmack kann anstelle von Wirsing auch Rotkraut oder Weißkohl verwendet werden.

Dorade mit Pfirsich-Pilzfüllung

Für 4 Personen
Zubereitungszeit: 45 Minuten

- 4 Doradenfilets (küchenfertig, à 140 g)
- 1 Gemüsezwiebel
- 2 Knoblauchzehen
- 150 g Kräuterseitlinge
- 1 Pfirsich (ca. 150 g)
- 2 Estragonzweige
- 4 EL Olivenöl
- 10 g Flohsamen
- 1 Eigelb (von einem Ei Größe L)
- Saft von ¼ Bio-Zitrone
- Schalenabrieb von 1 Bio-Zitrone
- Salz, Pfeffer aus der Mühle

1 Portion (ca. 250 g): 310 kcal, 26,6 g Eiweiß (34,8 E%), 19,3 g Fett (57,1 E%), 6,2 g Kohlenhydrate (8,1 E%)

01 Doradenfilets waschen und trocken tupfen.

02 Für die Füllung Zwiebel und Knoblauch schälen und fein würfeln. Die Seitlinge putzen und ebenfalls in Würfel schneiden. Den Pfirsich waschen, halbieren, entkernen und grob hacken. Den Estragon waschen, trocken schleudern, die Blätter vom Stiel zupfen und fein hacken.

03 2 EL Öl in einer Pfanne erhitzen. Flohsamen darin zusammen mit Zwiebel, Knoblauch und Pilzen goldbraun rösten. Die Pfanne vom Herd nehmen und die Pfirsichstücke, Estragon, Eigelb, Zitronensaft und Schalenabrieb untermischen. Mit Salz und Pfeffer abschmecken.

04 Die Pfirsich-Pilzfüllung auf den Innenseiten der Doradenfilets verteilen, diese anschließend zusammenrollen und straff mit Küchengarn binden.

05 Die Fischrollen von außen mit Salz und Pfeffer würzen.

06 Das restliche Öl in einer Pfanne erhitzen und den Fisch von jeder Seite bei mittlerer Hitze 5 Minuten goldbraun braten. Das Küchengarn vom Fisch entfernen und diesen sofort servieren.

TIPP: Zu den gefüllten Doradenfilets passt ein großer bunter Salat.

Lachsfilets mit Wurzelhaube

Für 4 Personen
Zubereitungszeit: 45 Minuten

- 400 g Petersilienwurzeln
- 2 unbehandelte Zitronen
- 600 g Lachsfilet am Stück
- 6 EL Mandelmehl
- 2 Eier (Größe L)
- 6 Stangen Lauch
- 4 Scheiben durchwachsener Räucherspeck
- 2 EL Rapsöl
- Salz, bunter Pfeffer (geschrotet)

1 Portion (ca. 490 g): 555 kcal, 48,9 g Eiweiß (35,34 E%), 33,8 g Fett (55,4 E%), 12,8 g Kohlenhydrate (9,2 E%)

01 Backofen auf 175° (Umluft) vorheizen.

02 Die Petersilienwurzel schälen, 10 Minuten im Salzwasser kochen, abschrecken und etwas abkühlen lassen. Mit dem Gurkenhobel in dünne Scheiben schneiden.

03 Mit einer Reibe die Schale der Zitronen abraspeln. Die abgeriebenen Zitronen halbieren und entsaften.

04 Das Lachsfilet waschen, trocken tupfen und auf Alufolie legen. Zitronensaft über die Filets träufeln, die Petersilienwurzelscheiben fächerartig darauf verteilen und leicht salzen.

05 Das Mandelmehl mit etwas Salz und den Eiern verquirlen und auf die Petersilienwurzelscheiben streichen. Die Folie schließen und den Lachs im vorgeheizten Backofen ca. 15 Minuten backen. Anschließend die Folie öffnen und den Lachs für weitere 3 Minuten übergrillen.

06 Zwischenzeitlich den Lauch putzen, längs halbieren und schräg in 3 cm lange Stücke schneiden. Den Speck quer in dünne Streifen schneiden und diese im heißen Öl auslassen. Lauch und Zitronenabrieb zugeben und unter Wenden 5 Minuten dünsten. Mit Salz und buntem Pfeffer würzen und zugedeckt warm stellen.

07 Lachs mit einem scharfen Messer portionieren und auf dem Lauchgemüse anrichten.

Gemüse-Fisch-Auflauf mit Käse

Für 4 Personen
Zubereitungszeit: 35 Minuten

- 3 Fleischtomaten
- 2 Zucchini
- 1 Zwiebel
- 2 Fenchelknollen
- ½ Brokkoli (250 g)
- ¼ Liter Fischfond
- 500 g Seelachsfilet
- 250 g Mozzarella
- 1 TL Butter zum Ausstreichen der Form
- 1 Knoblauchzehe
- ½ Bund frischer Dill
- Salz, Pfeffer

1 Portion (ca. 610 g): 345 kcal, 38,6 g Eiweiß (44,8 E%), 16 g Fett (42,1 E%), 11,3 g Kohlenhydrate (13,1 E%)

01 Die Fleischtomaten kurz in kochendes Wasser tauchen, die Haut abziehen und das Fruchtfleisch in Spalten schneiden. Die Zucchini waschen und in feine Scheiben schneiden. Die Zwiebel schälen und in feine Ringe schneiden. Den Fenchel waschen, vom Strunk befreien und in grobe Stücke schneiden. Brokkoli in Röschen teilen. Den Fischfond erhitzen und darin das Gemüse ca. 4–5 Minuten blanchieren.

02 Inzwischen das Seelachsfilet kalt abbrausen, trocken tupfen und in mundgerechte Stücke schneiden.

03 Das Gemüse aus der Brühe nehmen und abtropfen lassen. Die Seelachsstücke in die Brühe geben und darin etwa 3–4 Minuten ziehen lassen. Dann herausnehmen und abtropfen lassen.

04 Mozzarella in Scheiben schneiden. Eine feuerfeste Form mit etwas Butter ausstreichen und das Gemüse und den Fisch schichtweise einfüllen. Mit Salz und Pfeffer würzen. Die Knoblauchzehe schälen, fein hacken und darüber verteilen. Abschließend das Ganze mit den Mozzarellascheiben belegen und im vorgeheizten Backofen (Mitte) ca. 6–8 Minuten überbacken, bis der Käse schmilzt.

05 Den Dill waschen, trocken tupfen und fein hacken.

06 Zum Servieren den Auflauf mit Dill bestreuen.

Spargel mit Schinken und Lachs

Für 4 Personen
Zubereitungszeit: 30 Minuten

- 1,2 kg weißer Spargel
- 1 Bund frischer Schnittlauch
- 1 rote Zwiebel
- 1 Tomate
- 1 gelbe Paprika
- 1 EL Butter
- Saft einer Zitrone
- 300 g roher Schinken
- 300 g Räucherlachs oder Graved Lachs
- Salz, Pfeffer

1 Portion (ca. 480 g): 320 kcal, 35,5 g Eiweiß (44,9 E%), 14,9 g Fett (42,6 E%), 9,9 g Kohlenhydrate (12,5 E%)

01 Den Spargel schälen und die holzigen Enden abschneiden. Die Stangen in reichlich kochendem Salzwasser ca. 8–10 Minuten bissfest garen. Herausnehmen, abtropfen lassen und warm stellen.

02 Den Schnittlauch waschen, trocken schütteln und in feine Röllchen schneiden. Die Zwiebel schälen und fein würfeln. Die Tomate waschen, vom Strunk befreien und fein würfeln. Paprika halbieren, entkernen, waschen und ebenfalls fein würfeln.

03 Die Butter in einem Topf erhitzen und darin Schnittlauch, Zwiebeln, Tomaten und Paprika schwenken. Das Ganze mit Salz, Pfeffer und Zitronensaft würzen.

04 Den rohen Schinken und den Räucherlachs dekorativ auf Tellern anrichten und den fertig gegarten Spargel anlegen. Mit der Gemüsemischung übergießen.

TIPP: Beim Spargelkauf sollten Sie darauf achten, dass die Schnittenden nicht hohl, bräunlich verfärbt oder ausgetrocknet sind. Spargel hält sich in einem feuchten Tuch im Gemüsefach des Kühlschranks ca. 2–3 Tage.

Omas Gemüsesuppentopf mit Frischkäse

Für 4 Personen
Zubereitungszeit: 25 Minuten

- 2 rote Zwiebeln
- 2 Möhren
- 2 EL Rapsöl
- 300 g Wirsing (ca. ½ Kopf)
- 300 g Spitzkohl (ca. ¼ Kopf)
- 200 g Brechbohnen (Dose)
- 500 ml Gemüsebrühe
- 2 g Johannisbrotkernmehl
- 80 g Sauerrahm
- Salz, Pfeffer

1 Portion (ca. 395 g): 170 kcal, 4,8 g Eiweiß (11,5 E%), 11,4 g Fett (60,4 E%), 11,8 g Kohlenhydrate (28,1 E%)

01 Zwiebeln schälen und in feine Würfel schneiden. Möhren ebenfalls schälen und in feine Scheiben schneiden. Öl in einem Topf erhitzen und die Zwiebeln und Möhren darin ca. 1–2 Minuten andünsten.

02 Wirsing und Spitzkohl putzen, waschen, vom harten Strunk befreien und in feine Streifen schneiden. Die Wirsing- und Spitzkohlstreifen zu den Zwiebel- und Möhrenstückchen geben.

03 Bohnen abtropfen lassen und ebenfalls in den Topf geben. Die Zutaten mit der Gemüsebrühe angießen und in etwa 6–8 Minuten fertig garen.

04 Den Gemüsesuppentopf mit Salz und Pfeffer würzen und das Johannisbrotkernmehl einrühren. Kurz aufkochen lassen und anschließend in tiefen Tellern anrichten.

05 Den Sauerrahm als Topping auf die Gemüsesuppe geben und servieren.

Vegetarisches Gemüsegulasch

Für 4 Personen
Zubereitungszeit: 30 Minuten

- 3 mittelgroße Zwiebeln
- 2 Knoblauchzehen
- 2 gelbe Paprikaschoten
- 2 Zucchini
- 3 EL Rapsöl
- 2 TL Paprikapulver, edelsüß
- 4 EL Tomatenmark
- 2 TL Kümmelsaat
- 400 ml Gemüsebrühe
- 250 g Tofu (natur)
- 250 g Tofu (geräuchert)
- ½ Bund frische Petersilie
- Salz, Pfeffer

1 Portion (ca. 470 g): 300 kcal, 19 g Eiweiß (25,4 E%), 19,2 g Fett (58,2 E%), 12,3 g Kohlenhydrate (16,4 E%)

01 Zwiebeln und Knoblauchzehen schälen und fein würfeln. Paprikaschoten sowie Zucchini waschen, putzen und in ca. 1 cm große Würfel schneiden.

02 Das Öl in einem Topf erhitzen. Das vorbereitete Gemüse darin andünsten. Anschließend Paprikapulver, Tomatenmark und Kümmelsaat zugeben und für ca. 2–3 Minuten mitdünsten.

03 Dann das Ganze mit der Gemüsebrühe ablöschen und mit Salz und Pfeffer würzen. Zugedeckt bei mittlerer Hitze 10 Minuten schmoren. Tofu in ca. 2 cm große Würfel schneiden. Zum Gulasch geben und alles ohne Deckel weitere 10 Minuten köcheln lassen.

04 Petersilie waschen, trocken schütteln und fein hacken.

05 Zum Servieren das Gulasch mit Petersilie bestreuen und in tiefen Tellern anrichten.

Rübchen-Puffer

Für 4 Personen
Zubereitungszeit: 45 Minuten

- 3 Karotten
- 600 g weiße Rüben (z. B. Teltower Rübchen)
- 2 Zwiebeln
- 50 g Hartkäse (z. B. Pecorino oder Parmesan)
- 3 Eier (Größe L)
- 30 g Eiweißpulver (neutral)
- 50 g Sonnenblumenkerne
- 4 EL Rapsöl
- 250 g Speisequark (20 % Fett i. Tr.)
- 150 g saure Sahne
- 2 g getrockneter Basilikum
- 2 g getrockneter Estragon
- 2 Msp. Zitronengraspulver
- 100 g Rote-Bete-Sprossen
- 100 g Feldsalat
- Salz, Pfeffer, Muskat

1 Portion (ca. 445 g): 505 kcal, 31,4 g Eiweiß (25,3 E%), 32,4 g Fett (57,5 E%), 21,4 g Kohlenhydrate (17,2 E%)

01 Karotten und Rübchen schälen und waschen. Zwiebeln schälen. Den Hartkäse fein reiben. Gemüse und Zwiebeln grob raspeln. Eier, Eiweißpulver, Hartkäse und Sonnenblumenkerne unterrühren und alles mit Salz, Pfeffer und Muskat würzen.

02 Das Öl portionsweise in einer Pfanne erhitzen. Aus der Puffermasse 12 Puffer formen und diese nach und nach ausbacken. Anschließend warm stellen.

03 Den Quark mit der sauren Sahne, Basilikum, Estragon und Zitronengraspulver verrühren und mit Salz und Pfeffer würzen.

04 Rote-Bete-Sprossen auf ein Sieb geben und kurz abspülen. Den Feldsalat putzen und waschen.

05 Die Rübchen-Puffer mit dem Quark und den Rote-Bete-Sprossen auf Tellern anrichten. Mit Feldsalat garnieren.

Gefüllte Zucchini

Für 4 Personen
Zubereitungszeit: 30 Minuten

- 4 Zucchini
- je 1 rote, 1 grüne und 1 gelbe Paprikaschote
- 2 Zwiebeln
- 1 Knoblauchzehe
- 3 EL Olivenöl
- 3 EL Speisequark (40 % Fett i. Tr.)
- jeweils 1 TL getrockneter Rosmarin, Basilikum, Thymian, Petersilie
- 200 g Emmentaler
- 100 ml Milch (3,5 % Fett)
- Salz, Pfeffer

1 Portion (ca. 420 g): 380 kcal, 21,8 g Eiweiß (23,4 E%), 26,1 g Fett (62,1 E%), 13,5 g Kohlenhydrate (14,5 E%)

01 Backofen auf 180° (Umluft) vorheizen.

02 Zucchini waschen, längs halbieren, aushöhlen und in kochendem Wasser 1–2 Minuten blanchieren.

03 Die Paprikaschoten halbieren und nach dem Entkernen fein würfeln. Zwiebeln und Knoblauch schälen und ebenfalls fein würfeln. Das Gemüse in einer Pfanne mit 2 EL Olivenöl 2–3 Minuten andünsten. Anschließend aus der Pfanne nehmen, mit dem Quark vermengen und mit den getrockneten Kräutern, Salz und Pfeffer würzen.

04 Eine feuerfeste Form mit dem restlichen Öl ausstreichen, die Zucchinihälften hineinlegen und mit dem Gemüse füllen.

05 Den Käse reiben. Die Milch erhitzen und zwei Drittel des Reibekäses darin auflösen. Die Käsesauce über die Zucchinihälften gießen und das Ganze mit dem restlichen Käse bestreuen.

06 Die Zucchini im vorgeheizten Backofen (Mitte) 8–10 Minuten überbacken.

Auberginenröllchen mit Schafskäse-Olivenpaste und Tomate

Für 4 Personen
Zubereitungszeit: 35 Minuten

- 2 Auberginen (à ca. 250 g)
- 1 Knoblauchzehe
- 1 Zwiebel
- 4 Strauchtomaten
- 30 g gehackte Pistazien
- 1 Bund glatte Petersilie
- 4 EL Olivenöl
- 150 g Fetakäse
- 100 g Olivenpaste
- Saft einer Zitrone
- Salz, Pfeffer

1 Portion (ca. 300 g): 350 kcal, 10,6 g Eiweiß (13 E%), 25 g Fett (69,9 E%), 13,8 g Kohlenhydrate (17,1 E%)

01 Die Auberginen waschen, putzen und längs in etwa 1 cm dünne Scheiben schneiden. Die Auberginenscheiben auf ein Backblech legen, salzen und etwa 20 Minuten ruhen lassen.

02 Inzwischen Knoblauch und Zwiebel schälen und fein würfeln. Die Tomaten waschen, vierteln, entkernen und in feine Würfel schneiden.

03 Die Pistazien in einer Pfanne ohne Öl goldbraun rösten. Die Petersilie waschen, trocken schütteln, die Blätter von den Stielen zupfen und fein hacken. Tomaten waschen, vom Strunk befreien und in feine Würfel schneiden.

04 Die Auberginenscheiben mit Küchenkrepp trocken tupfen und mit 2 EL Olivenöl beträufeln. Eine Grillpfanne erhitzen. Die Auberginen darin portionsweise von beiden Seiten goldbraun braten. Danach etwas auskühlen lassen.

05 Den Feta mit einer Gabel zerbröckeln und zusammen mit den Tomatenwürfeln, der Olivenpaste, dem restlichen Olivenöl, dem Zitronensaft und der vorbereiteten Petersilie zu einer Salsa vermengen. Mit Salz und Pfeffer abschmecken. Die Oliven-Salsa auf die Auberginenscheiben streichen und diese straff einrollen. Evtl. mit einem Zahnstocher fixieren.

06 Die Auberginenröllchen zusammen mit der restlichen Oliven-Salsa servieren.

Minestrone

Für 4 Personen
Zubereitungszeit: 25 Minuten

- 4 Frühlingszwiebeln
- 1 Knoblauchzehe
- 2 Stangen Staudensellerie
- 3 Möhren
- 1 Dose weiße Bohnen (Abtropfgewicht 425 g)
- 3 Tomaten
- 1 EL Rapsöl
- 1 Liter Gemüsebrühe
- 200 g Konjaknudeln
- 2 TL getrocknete italienische Kräuter
- ½ Bund Petersilie
- 80 g Parmesan
- Salz, Pfeffer

1 Portion (ca. 610 g): 320 kcal, 18,2 g Eiweiß (23,3 E%), 14,3 g Fett (41,6 E%), 27,4 g Kohlenhydrate (35,1 E%)

01 Die Frühlingszwiebeln putzen, waschen und in 1 cm dicke Röllchen schneiden. Knoblauch schälen und fein würfeln. Staudensellerie waschen, putzen und in dünne Scheiben schneiden. Die Möhren schälen und in feine Würfel schneiden. Die Bohnen abgießen und abspülen. Die Tomaten waschen, vierteln, entkernen und fein würfeln.

02 In einem Topf mit Öl Zwiebelwürfel, Knoblauch und Möhren andünsten. Mit der Gemüsebrühe ablöschen. Dann für etwa 10 Minuten kochen lassen. Konjaknudeln, Bohnen, Sellerie und italienische Kräuter zugeben und das Ganze weitere 3–5 Minuten kochen.

03 Anschließend die Tomaten zufügen und das Ganze nochmal kurz aufkochen lassen. Dann die Minestrone kräftig mit Salz und Pfeffer würzen. Petersilie waschen, trocken schütteln, fein hacken und mit den Frühlingszwiebeln über die Suppe streuen.

04 Zum Servieren die Minestrone in tiefen Tellern verteilen. Den Parmesan hobeln und darübergeben.

Gazpacho

Für 4 Personen
Zubereitungszeit: 15 Minuten
Kühldauer: 4 Stunden

- 1 kg reife Tomaten (Die Tomatensorte ist entscheidend für die Farbe der Suppe!)
- 1 grüne Paprikaschote
- 1 Salatgurke
- 1 Zwiebel
- 2 Knoblauchzehen
- 4 EL Olivenöl
- 3 EL Sherryessig (alternativ: Weißweinessig)
- Saft von ¼ Limette
- ½ Bund Basilikum
- Salz, Pfeffer, Chiliflocken

1 Portion (ca. 415 g): 160 kcal, 3,7 g Eiweiß (9,6 E%), 10,9 g Fett (62,4 E%), 10,8 g Kohlenhydrate (28 E%)

01 Tomaten vom Strunk befreien, halbieren, vierteln und entkernen. Paprikaschote und Gurke waschen, putzen und grob würfeln. Für die Suppeneinlage je 1–2 EL Gurke, Tomate und Paprika fein würfeln und beiseitestellen.

02 Zwiebel und Knoblauch schälen, fein würfeln und mit einer Gabel und wenig Salz (etwa ½ TL), einer Prise Pfeffer und etwa ½ TL Chiliflocken zu einer Paste zerdrücken, um die Gewürze gleichmäßig einzuarbeiten.

03 Das grob gewürfelte Gemüse, die Zwiebel-Knoblauchpaste, Olivenöl und Essig mit einem Standmixer fein pürieren. Mit Salz, Pfeffer und Limettensaft abschmecken.

04 Gazpacho zugedeckt für ca. 4 Stunden oder über Nacht kalt stellen.

05 Basilikum waschen, trocken schütteln. Die Blättchen abzupfen und fein schneiden. Zum Servieren die Gazpacho mit Basilikum bestreuen und mit den vorbereiteten Gemüsewürfeln garnieren.

TIPP: **Sollte die Suppe nachdicken, können Sie noch Tomatensaft oder Brühe zugießen.**

Coq au vin

Für 4 Personen
Zubereitungszeit: 70 Minuten

- 1 Hähnchen (küchenfertig, ca. 1,2 kg)
- 100 g Speck (durchwachsen)
- 3 mittelgroße Möhren
- 200 g Süßkartoffeln
- 3 Stangen Lauch
- 250 g Schalotten
- 1 Knoblauchzehe
- 2 EL Rapsöl
- 125 ml Rotwein (trocken)
- ¼ Liter Hühnerbrühe
- 2 Zweige Thymian (frisch)
- 2 Lorbeerblätter (getrocknet)
- 1 EL Johannisbrotkernmehl
- Salz, Pfeffer

1 Portion (ca. 500 g): 545 kcal, 33 g Eiweiß (24,1 E%), 35,1 g Fett (57,9 E%), 20,3 g Kohlenhydrate (14,7 E%), 2,6 g Alkohol (3,3 E%)

01 Das Hähnchen waschen, trocken tupfen und vierteln. Den Speck in Streifen schneiden. Anschließend die Möhren schälen und in dicke Scheiben schneiden. Die Süßkartoffeln ebenfalls schälen und vierteln. Den Lauch putzen und in ca. 1 cm dicke Scheiben schneiden. Schalotten und Knoblauchzehe schälen. Die Schalotten halbieren und den Knoblauch in dünne Scheiben schneiden.

02 Das Öl in einem Bräter erhitzen. Den Speck hinzugeben, auslassen, herausnehmen und auf Küchenpapier abtropfen lassen. Die Hähnchenviertel in dem Speckfett anbraten. Achten Sie darauf, dass die Hähnchenviertel beim Anbraten genügend Platz haben, um ein gleichmäßiges Garergebnis zu erzielen; lieber in zwei Durchgängen anbraten. Anschließend die Hähnchenteile aus dem Bräter nehmen und beiseitestellen. Die Schalotten im selben Fett glasig andünsten. Jetzt Möhren, Süßkartoffeln und Lauch hinzufügen und ebenfalls kurz mit andünsten. Rotwein und Brühe angießen und die Hähnchenteile zugeben.

03 Die abgezupften Thymian- und Lorbeerblätter hinzufügen und das Ganze mit Salz und Pfeffer würzen. Anschließend bei mittlerer Hitze zugedeckt ca. 45 Minuten schmoren lassen.

04 Gegen Ende der Garzeit das Johannisbrotkernmehl in 2 EL Wasser anrühren und in die Flüssigkeit einrühren. Alles mit Salz und Pfeffer abschmecken.

05 Zum Servieren das Gericht mit den Speckstreifen bestreuen.

Ratatouille

Für 4 Personen
Zubereitungszeit: 50 Minuten

- 500 g Gemüsezwiebeln
- 5 Knoblauchzehen
- 1 Aubergine (ca. 250 g)
- 1 gelbe Paprikaschote
- 1 rote Paprikaschote
- 4 mittelgroße Zucchini
- 6 EL Olivenöl
- 1 Bund Thymian
- 4 Zweige Rosmarin
- 700 g mittelgroße Tomaten
- 200 g Hüttenkäse
- Salz, Pfeffer

1 Portion (ca. 660 g): 330 kcal, 14,6 g Eiweiß (18,4 E%), 18,8 g Fett (52,1 E%), 23,5 g Kohlenhydrate (29,5 E%)

01 Backofen auf 180° (Umluft) vorheizen.

02 Die Zwiebeln schälen, vierteln und in Streifen schneiden. Den Knoblauch ebenfalls schälen und in dünne Scheiben schneiden. Die Aubergine küchenfertig vorbereiten und in 1 cm große Würfel schneiden. Die Paprikaschoten putzen und in etwa 4 cm große Stücke schneiden. Die Zucchini putzen und quer in 1 cm dicke Scheiben schneiden.

03 2 EL Öl in einer großen Pfanne erhitzen. Zwiebeln und Knoblauch darin bei mittlerer Hitze unter Wenden glasig dünsten. In eine große ofenfeste Form geben und im vorgeheizten Backofen (Mitte) etwa 10 Minuten weiterbraten.

04 Weitere 2 EL Öl in die Pfanne geben. Auberginen und Paprika darin bei mittlerer Hitze unter Wenden 5 Minuten braten und dann ebenfalls in die Form geben. Dann das restliche Öl in der Pfanne erhitzen und die Zucchinischeiben ebenso braten. Thymian und Rosmarin abzupfen, hacken und zusammen mit den Zucchini in die Form geben. Das Ganze salzen und pfeffern.

05 Tomaten waschen, vom Strunk befreien und auf der runden Seite einritzen. Danach kurz in kochendes Wasser geben, abschrecken, häuten und halbieren. Anschließend die Tomaten mit dem übrigen Gemüse mischen. Alles zusammen für weitere 10 Minuten schmoren. Danach das Ganze nochmals mit Salz und Pfeffer abschmecken.

06 Das Ratatouille in der Form servieren. Den Hüttenkäse als Topping reichen.

Chili con carne

Für 4 Personen
Zubereitungszeit: 40 Minuten

- 2 Chilischoten
- 2 Knoblauchzehen
- 1 große Gemüsezwiebel (ca. 200 g)
- 2 EL Rapsöl
- 500 g Rinderhackfleisch
- 1 große Dose geschälte Tomaten (ca. 800 g inkl. Saft)
- 2 TL gemahlener Kreuzkümmel
- 125 ml Gemüsebrühe
- 2 rote Paprikaschoten
- 1 grüne Paprikaschote
- 1 Dose Kidneybohnen (Abtropfgewicht 265 g)
- ½ Bund frischer Koriander
- 150 g Naturjoghurt (3,5 % Fett)
- Salz, Pfeffer

1 Portion (ca. 635 g): 515 kcal, 35,6 g Eiweiß (28,2 E%), 28,8 g Fett (52 E%), 24,9 g Kohlenhydrate (19,8 E%)

01 Die Chilischoten halbieren und entkernen. Den Knoblauch und die Zwiebel schälen und alles fein würfeln. Anschließend die vorbereiteten Zutaten im Öl glasig dünsten. Das Hackfleisch zugeben und krümelig anbraten. Die Tomaten grob zerkleinern und zusammen mit der Flüssigkeit zugeben.

02 Das Ganze mit Salz, Pfeffer und Kreuzkümmel würzen, die Brühe zugießen und alles 20 Minuten offen bei mittlerer Hitze einkochen lassen. Die Paprikaschoten vierteln, entkernen, in Streifen schneiden und nach etwa 10 Minuten zugeben.

03 Die Bohnen in einem Sieb kurz abbrausen und ebenfalls zum Chili geben. Eventuell nachwürzen. Das Gericht mit den abgezupften Korianderblättern bestreuen. Mit Joghurt servieren.

Paella

Für 4 Personen
Zubereitungszeit: 60 Minuten

- 2 Hähnchenkeulen (à 250 g)
- 200 g Schweinefilet
- 3 Knoblauchzehen
- 2 kleine Gemüsezwiebeln (ca. 250 g)
- 2 rote Paprikaschoten
- 2 gelbe Paprikaschoten
- 4 EL Olivenöl
- 100 g Belugalinsen (am Vortag einweichen)
- 750 ml Hühnerbrühe
- 2 Kapseln Safranfäden
- 250 g Miesmuscheln
- 8 Riesengarnelen mit Schale (à ca. 25 g)
- 100 g tiefgekühlte Erbsen
- 2 unbehandelte Zitronen
- Salz, Pfeffer

1 Portion (ca. 680 g): 635 kcal, 52 g Eiweiß (33,4 E%), 32,9 g Fett (47,9 E%), 29,3 g Kohlenhydrate (18,7 E%)

01 Backofen auf 180° (Umluft) vorheizen.

02 Die Hähnchenkeulen von der Haut befreien und auf Höhe des Gelenks halbieren. Mit Salz und Pfeffer würzen. Das Schweinefilet in 1 cm dicke Scheiben schneiden. Knoblauch und Zwiebel schälen und in feine Würfel schneiden. Paprikaschoten vierteln, entkernen, schälen und quer in Streifen schneiden.

03 1 EL Olivenöl in einer großen feuerfesten Pfanne erhitzen und das Schweinefilet darin scharf anbraten. Mit Salz und Pfeffer würzen und beiseitestellen. In derselben Pfanne weitere 2 EL Öl erhitzen und darin für ca. 2 Minuten die Paprikastreifen anbraten. Diese dann zum Schweinefilet geben. Das restliche Öl in der Pfanne erhitzen, die Hähnchenteile darin bei mittlerer Hitze rundherum goldbraun anbraten und ebenfalls aus der Pfanne nehmen. Anschließend Knoblauch, Zwiebelwürfel und die entsprechend vorbereiteten und abgetropften Linsen in die Pfanne geben und kurz glasig dünsten.

04 Die Brühe mit dem Safran aufkochen. Die Hälfte der Brühe und die Hähnchenteile zu den Linsen geben. Das Ganze im Backofen (Mitte) 20–25 Minuten garen.

05 In der Zwischenzeit die Muscheln gründlich waschen und putzen. Offene Muscheln entfernen. Garnelen waschen. Schweinefleisch, Paprika und Erbsen unter die Linsen mischen. Die restliche heiße Brühe zugießen, Garnelen und Muscheln auf die Linsen legen. Das Ganze weitere 15 Minuten im Ofen fertig garen.

06 Die Zitronen in Spalten schneiden. Nochmals ungeöffnete Muscheln entfernen. Die Paella mit den Zitronenspalten auf einer Platte servieren.

Saltimbocca mit Pfirsichen und Grillpaprika

Für 4 Personen
Zubereitungszeit: 35 Minuten

- 6 Zweige Rosmarin (ca. 10 cm Länge)
- 4 Kalbsschnitzel (à ca. 150 g)
- 4 Scheiben Serranoschinken (à ca. 25 g)
- 1 rote Chilischote
- 2 Pfirsiche
- 600 g bunte Grillpaprika
- 4 EL Rapsöl
- 1 EL Butter
- 150 ml Weißwein (trocken)
- Salz, Pfeffer

1 Portion (ca. 435 g): 365 kcal, 39,7 g Eiweiß (43,1 E%), 17,7 g Fett (43,7 E%), 6,4 g Kohlenhydrate (7 E%), 3,2 g Alkohol (6,2 E%)

01 Rosmarinzweige abzupfen und beiseitelegen. Die Stiele zum Zusammenstecken der Schnitzel ebenfalls beiseitelegen.

02 Schnitzel mit einem Plattiereisen (oder der glatten Seite des Fleischklopfers) flach klopfen. Mit dem Serranoschinken belegen, umklappen und mit je 1 Rosmarinstiel verschließen.

03 Die Chilischote längs halbieren, entkernen und in feine Würfel schneiden. Die Pfirsiche waschen, halbieren und entsteinen. Grillpaprika waschen.

04 Die Schnitzel von außen salzen und pfeffern. Das Öl in einer Pfanne erhitzen und das Fleisch bei mittlerer Hitze von beiden Seiten etwa 2 Minuten braten. Anschließend herausnehmen und beiseitestellen.

05 Die Pfirsiche mit den Schnittflächen nach unten in dieselbe Pfanne geben. Für etwa 1 Minute braten, dann wenden. Daraufhin die Grillschoten zugeben und weitere 2 Minuten mitbraten. Dann Butter, Chili, Weißwein und Rosmarinnadeln dazugeben. Das Ganze kurz aufkochen lassen.

06 Pfirsiche und Paprika mit Salz und Pfeffer würzen. Die Kalbsschnitzel ebenfalls in die Pfanne geben und kurz erwärmen.

07 Zum Servieren die Kalbsschnitzel zusammen mit den Pfirsichen, den Grillpaprika und dem Fond auf Tellern anrichten.

systemed Küchenratgeber

auch als eBOOK

Low-Carb – Low-Budget.
Kohlenhydratbilanzierte Küche für den kleinen Geldbeutel.
Wolfgang Link | Dr. med. Jürgen Voll
978-3-942772-65-5 **8,99 €**

Low-Carb unterwegs.
40 Rezepte für die Reise und zum Mitnehmen.
Franca Mangiameli | Heike Lemberger
978-3-942772-66-2 **8,99 €**

Low-Carb vegan.
40 Rezepte ohne tierische Lebensmittel.
Franca Mangiameli | Heike Lemberger
978-3-942772-68-6 **8,99 €**

auch als eBOOK

Low-Carb in 15 Minuten.
40 »leichte« Schnellrezepte zum Genießen.
Wolfgang Link
978-3-942772-75-4 **8,99 €**

Low-Carb-Powerwoche.
In 7 Tagen Vitalität gewinnen und Gewicht verlieren.
Wolfgang Link | Dr. med. Jürgen Voll
978-3-942772-87-7 **8,99 €**

Low-Carb in der Schwangerschaft.
Gesundheit mit wenig Kohlenhydraten für Mutter und Baby.
Annett Schmittendorf
978-3-942772-72-3 **8,99 €**

Low-Carb-Feierabendküche.
5 Zutaten – 15 Minuten – 40 Rezepte.
Wolfgang Link
978-3-95814-059-2 **8,99 €**

Low-Carb-Nudelküche.
30 köstliche echte Pastarezepte mit wenig Kohlenhydraten.
Wolfgang Link
978-3-95814-047-9 **8,99 €**

NEU

Low-Carb-One-Pot.
1 Topf – alle Zutaten – 40 kohlenhydratarme Rezepte.
Wolfgang Link
978-3-95814-095-0 **8,99 €**

Low-Carb für Sportler.
30 kohlenhydratreduzierte Gerichte für den Sportler.
Wolfgang Link | Dr. med. Jürgen Voll
978-3-942772-91-4 **8,99 €**

auch als eBOOK

Low-Carb-Desserts.
40 Desserts mit wenig Kohlenhydraten.
Wolfgang Link
978-3-942772-95-2 **8,99 €**

auch als eBOOK

Low-Carb-Pfannengerichte.
40 Rezepte für die schnelle Pfanne mit wenig Kohlenhydraten.
Wolfgang Link
978-3-942772-93-8 **8,99 €**

Low-Carb bei Nahrungsmittelunverträglichkeit.
30 Rezepte bei Laktoseintoleranz/Fruktoseintoleranz/Zöliakie.
W. Link | Dr. med. J. Voll
978-3-942772-74-7 **4,99 €** ~~7,99 €~~

Low-Carb für den Hund.
Artgerechte Hundeernährung mit wenig Kohlenhydraten – Wissen, Tipps und Rezepte.
Ursula Bien
978-3-95814-011-0 **8,99 €**

Low-Carb vegetarisch.
40 vegetarische Rezepte ohne Fisch und Fleisch.
Wolfgang Link
978-3-95814-003-9 **8,99 €**

Low-Carb-Suppen.
40 Suppen und Eintöpfe zum einfachen Nachkochen.
Manuela Oehninger Suter
978-3-95814-004-2 **8,99 €**

Low-Carb für Einsteiger.
32 Rezepte mit zahlreichen Varianten für den Start in eine kohlenhydratarme Ernährung.
Manuela Oehninger Suter
978-3-95814-048-6 **8,99 €**

NEU

Low-Carb-Burger.
40 großartige Burgerrezepte mit wenigen Kohlenhydraten.
Wolfgang Link
978-3-95814-074-5 **8,99 €**

Low-Carb kalte Küche.
40 kohlenhydratarme Rezepte ohne zu kochen.
Manuela Oehninger Suter
978-3-95814-021-9 **8,99 €**

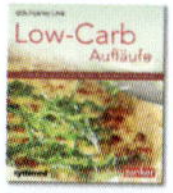

auch als eBOOK

Low-Carb-Aufläufe.
40 kohlenhydratarme Rezepte aus dem Ofen & Wissenswertes zu Auflaufformen.
Wolfgang Link
978-3-95814-022-6 **8,99 €**

auch als eBOOK

Low-Carb-Backen für den Alltag.
22 kohlenhydratarme, einfache und 100% funktionierende Rezepte für Kuchen und Kekse.
Beate Strecker
978-3-95814-033-2 **8,99 €**

auch als eBOOK

Low-Carb-Weihnachtsbäckerei.
22-mal Kekse, Gebäck und Konfekt zur Weihnachtszeit.
Beate Strecker
978-3-95814-043-1 **8,99 €**

Low-Carb für Diabetiker.
29 kohlenhydratarme Rezepte zur Blutzuckerregulation.
Wolfgang Link | Dr. Jürgen Voll
978-3-95814-045-5 **8,99 €**

Low-Carb-Frühstück.
40 abwechslungsreiche Frühstücksideen mit wenig Kohlenhydraten.
Wolfgang Link
978-3-95814-046-2 **8,99 €**

Low-Carb mediterran.
34 kohlenhydratarme Rezepte mit garantiertem Ferienfeeling.
Manuela Oehninger Suter
978-3-95814-055-4 **8,99 €**

NEU

Low-Carb-Classics.
40 kohlenhydratarme Rezepte aus der traditionellen Hausmacherküche.
Wolfgang Link
978-3-95814-081-3 **8,99 €**

Ketogene Ernährung

BEST-SELLER

auch als eBOOK

Krebszellen lieben Zucker – Patienten brauchen Fett.
Gezielt essen für mehr Kraft und Lebensqualität bei Krebserkrankungen.
Prof. Ulrike Kämmerer
Dr. Christina Schlatterer | Dr. Gerd Knoll
978-3-927372-90-0 **24,99 €**

Ketogene Ernährung bei Krebs.
Die besten Lebensmittel bei Tumorerkrankungen.
Prof. Ulrike Kämmerer
Dr. Christina Schlatterer | Dr. Gerd Knoll
978-3-95814-037-0 **14,99 €**

KetoKüche für Einsteiger: Rezepte & Kraftshakes.
50 ketogene Rezepte, die schmecken.
Dorothee Stuth | Ulrike Gonder
978-3-942772-42-6 **14,99 €**

KetoKüche zum Genießen.
Mit gesunden Gewürzen und Kokosnuss. Über 100 ketogene Rezepte für Genießer.
Bettina Matthaei | Ulrike Gonder
978-3-942772-44-0 **19,99 €**

KetoKüche mediterran.
90 kohlenhydratarme Gerichte rund um das Mittelmeer.
Bettina Matthaei | Ulrike Gonder
978-3-95814-044-8 **19,99 €**

JETZT ALS PAPERBACK

Stopp Alzheimer!
Wie Demenz vermieden und behandelt werden kann.
Dr. Bruce Fife
978-3-942772-86-0 **20,00 €** ~~24,99 €~~

Stopp Alzheimer! Praxisbuch.
Wie Demenz vermieden und behandelt werden kann. Mit zahlreichen Rezepten, Mental-Test sowie Warenkunde und Kohlenhydrattabellen.
Dr. Bruce Fife
978-3-942772-27-3 **12,99 €**

NEU

Die Anti-Alzheimer-Diät.
Alzheimer und Demenz einfach wegessen – oder: Wie die Ernährung vor Alzheimer schützen kann.
Dr. Peter Heilmeyer | Ulrike Gonder
978-3-95814-070-7 **15,95 €**

Das angesagte, Ernährungsthema im systemed Verlag: Gezielt essen bei Krebserkrankungen, Alzheimer und Demenz mit ketogener Ernährung.

Das Beste aus der Kokosnuss.
Natives Bio-Kokosöl und Bio-Kokosmehl.
Ulrike Gonder
978-3-942772-56-3 **4,99 €**

Kokosöl (nicht nur) fürs Hirn!
Wie das Fett der Kokosnuss helfen kann, gesund zu bleiben und das Gehirn vor Alzheimer und anderen Schäden zu schützen.
Ulrike Gonder
978-3-942772-38-9 **7,49 €**

Positives über Fette und Öle.
Warum gute Fette und Öle so wichtig für uns sind.
Ulrike Gonder
978-3-942772-57-0 **4,99 €**

Alle 3 Bücher im Paket
978-3-942772-55-6 **14,00 €**

KetoKüche kennenlernen.
Die ketogene Ernährung in Theorie und Praxis
Ulrike Gonder | Anja Leitz
978-3-942772-80-8 **8,99 €**

Praxisbroschüre Rezepte zur Unterstützung einer ketogenen Ernährung für Krebspatienten.
Prof. Ulrike Kämmerer | Nadja Pfetzer
(erhältlich nur beim Verlag) **6,90 €**

systemed verlag

Ernährung, Gesundheit, Lifestyle, Wellness

auch als eBOOK

Pur – weiß – tödlich.
Warum der Zucker uns umbringt – und wie wir das verhindern können.
Prof. John Yudkin | Prof. Robert Lustig
978-3-942772-41-9 **14,99 €**

JETZT ALS PAPERBACK

Kräuter & Gewürze als Medizin.
Gesund und schlank mit Vitalkräften aus der Apotheke der Natur.
Klaus Oberbeil
978-3-942772-92-1 **15,00 €** ~~19,95 €~~

Fit mit 100.
Jung bleiben, länger leben.
- Ein Leben lang schlank & glücklich.
- Programme für Körper und Seele.
- 100 wertvolle Ernährungstipps.

Klaus Oberbeil
978-3-927372-93-1 **14,99 €**

Warum Fische nie dick werden.
Jung & schlank mit Meeresfrüchten, Omega-3-Fettsäuren, Algen und Jod.
Klaus Oberbeil | Patrick Coudert
978-3-942772-71-6 **5,00 €**

Der Gen-Code.
Das Geheimnis der Epigenetik – wie wir mit Ernährung und Bewegung unsere Gene positiv beeinflussen können.
Dr. Ulrich Strunz
978-3-942772-01-3 **14,99 €**

Yes, I can!
Erfolgreich schlank in 365 Schritten.
Dr. Ilona Bürgel
978-3-927372-51-1 **4,99 €** ~~15,00 €~~

Das Myoreflexkonzept.
Schmerzfrei mit aktiven Muskeln.
Dr. med. E. Jörg | P. Kensok **13,99 €** ~~19,99 €~~
978-3-942772-49-5

Gesund durch Stress!
Wer reizvoll lebt, bleibt länger jung!
Hans-Jürgen Richter
Dr. Peter Heilmeyer **4,99 €**
978-3-927372-42-9 ~~15,95 €~~

Happy-Hippie-Cooking Ibiza.
72 Rezepte, die auf Konventionen pfeifen. Love & Peace an der Pfanne.
Elke Clörs
978-3-95814-025-7 **19,99 €**

Ich habe so lange auf Dich gewartet!
Der lange Weg durch die Kinderwunschtherapie. Ein Tagebuch – ärztlich kommentiert und ergänzt – über Hoffnungen, Misserfolge, Wegbegleiter und das Wunschkind.
Prof. M. Ludwig | Maileen L. **9,59 €**
978-3-942772-11-2 ~~15,99 €~~

Mut zur Trennung.
Plädoyer für eine mutige und produktive Entscheidung – Kinder brauchen Aufrichtigkeit.
Jutta Martha Beiner **9,59 €**
978-3-942772-47-1 ~~15,99 €~~

Homöopathie – sanfte Heilkunst für Babys und Kinder.
Homöopathische Behandlung im Alltag.
Angelika Szymczak **5,99 €**
978-3-927372-49-8 ~~19,95 €~~

BEST-SELLER
auch als eBOOK

Mehr Fett!
Warum wir mehr Fett brauchen, um gesund und schlank zu sein.
U. Gonder | Dr. N. Worm **13,99 €**
978-3-927372-54-2 ~~19,95 €~~

NEU

Wechseljahre-Lügen.
Hormon-, Diät- und Therapielügen. Und auch ein paar Wahrheiten.
Ulrike Gonder | Manuela Oehninger Suter
978-3-95814-056-1 **15,95 €**

NEU

Anleitung zum Übergewicht.
Wie Sie sich selbst das Leben schwer machen.
Dr. Julia Feind
978-3-95814-078-3 **10,00 €**

BEST-SELLER
auch als eBOOK

Stopp Diabetes!
Raus aus der Insulinfalle mit der LOGI-Methode.
Katja Richert | Ulrike Gonder
978-3-927372-56-6 **16,95 €**

auch als eBOOK

Stopp Diabetes! Praxisbuch.
Ernährungs- und Bewegungspläne. LOGI-Methode.
Ein besseres Leben mit Diabetes.
Katja Richert
978-3-942772-08-2 **16,99 €**

Allergien vorbeugen.
Schwangerschaft und Säuglingsalter sind entscheidend!
Dr. I. Reese | Chr. Schäfer **9,99 €**
978-3-927372-50-4 ~~14,95 €~~

Campus Food.
Vegane Studentenküche.
Anne Bühring | Kurt-Michael Westermann
978-3-942772-21-1 **12,00 €**

Ethisch Essen mit Fleisch.
Eine Streitschrift über nachhaltige und ethische Ernährung mit Fleisch und die Missverständnisse und Risiken einer streng vegetarischen und veganen Lebensweise.
Lierre Keith | Ulrike Gonder
978-3-927372-87-0 **14,99 €**

Gute Kohlenhyrate – schlechte Kohlenhydrate.
Pfunde verlieren und Energie tanken.
Barbara Plaschka | Petra Linné
978-3-927372-81-8 **12,95 €**

66 Ernährungsfallen … und wie sie mit Low-Carb zu vermeiden sind.
- in typischen Alltagssituationen
- für Büro und Freizeit
- mit Einkaufsführer im Supermarkt
- mit ausführlichem Restaurant-Guide

Barbara Plaschka | Petra Linné
978-3-927372-55-9 **15,95 €**

Low-Carb für Männer. Ein Mann – (k)ein Bauch.
Jetzt noch übersichtlicher – mit komplett überarbeiteter Kohlenhydrattabelle zum Nachschlagen. *Nur als eBook.*
Barbara Plaschka | Petra Linné
epub: 978-3-95814-152-0
pdf: 978-3-95814-153-7 **11,99 €**

Entscheidend ist auf'm Teller!
Das BVB-Prinzip für optimale Fitness und maximale Energie.
Frank Fligge | Jola Jaromin-Bowe
978-3-95814-040-0 **19,99 €**

nur als eBOOK

Schwer verdaulich.
Wie uns die Ernährungsindustrie mästet und krank macht. *Nur als eBook.*
Pierre Weill
epub: 978-3-95814-060-8
pdf: 978-3-95814-061-5 **8,99 €**

Köstlich kochen mit Tee.
Einfache und inspirierende Rezepte.
Tanja Bischof | Harry Bischof **4,99 €**
978-3-942772-76-1 ~~8,95 €~~

Das Kohlenhydratkartell.
Über die Diätkatastrophe, die finsteren Machenschaften der Zuckerlobby und Wege aus dem Diätendschungel.
Clifford Opoku-Afari
978-3-942772-39-6 **12,95 €**

auch als eBOOK

Jod. Schlüssel zur Gesundheit.
Wiederentdeckung eines Heilmittels. Neue Power für Ihre Körperzellen.
Kyra Hoffmann | Sascha Kauffmann
978-3-95814-017-2 **14,99 €**

NEU

Das Jod-Kochbuch.
50 köstliche Rezepte mit jodhaltigen Lebensmitteln.
Kyra Hoffmann | Anno Hoffmann
Sascha Kaufmann
978-3-95814-073-8 **14,95 €**

NEU

Kost-fast-nix-Kochbuch.
49 günstige Lieblingsrezepte.
Prof. Dr. Dietrich Grönemeyer mit Anna Cavelius und Anja Rusch
978-3-95814-031-8 **8,00 €**

Der Paleo-Code.
Das Steinzeit-Programm.
Romy Dollé
978-3-927372-86-3 **19,99 €**

Paleo-Guide.
Kompaktes Basiswissen, Tabellen und praktische Tipps zum leichten Einstieg in ein Leben im Einklang mit den Genen.
Susanne Bader
978-3-95814-036-3 **7,99 €**

Früchtewampe.
Warum Obst und Gemüse dick machen!
Romy Dollé
978-3-942772-83-9 **19,99 €**

Iss einfach gut.
Das Prinzip Nahrungskette – einfach und pragmatisch erklärt vom Koch der Deutschen Fußballnationalmannschaft.
In Hardcover-Luxusausführung mit Moleskine Gummi und Saisonkalender als DIN-A3-Poster
Holger Stromberg **14,99 €**
978-3-942772-50-1 ~~18,99 €~~

NEU

Die Foodwerkstatt.
38 Supermarktklassiker zum Selbermachen und viele weitere gesunde Rezepte.
Hardcover mit Moleskineband und Bleistift in Gummilasche.
Sebastian Lege
978-3-95814-041-7 **25,00 €**

Low-Carb your life.
Die Lieblingsrezepte aus seiner erfolgreichen Ratgeberreihe. Mit vielen neuen Ideen und Kreationen.
Wolfgang Link
978-3-95814-027-1 **19,99 €**

Bestellen Sie direkt beim Verlag. Versandkostenfreie Lieferung.
Alle bereits erschienenen Bücher sind sofort lieferbar.
Das tagesaktuelle Programm sowie alle verbindlichen Preise finden Sie auf www.systemed.de.

Yoga & Achtsamkeit

Das Hatha Yoga Praxisbuch.
Für Einsteiger und Fortgeschrittene.
Marcel Anders-Hoepgen
978-3-95814-035-6 **29,99 €**

Sonderedition
NEU
Endlich gut schlafen. (Doppel-CD)
Gut & Besser schlafen – die Klassiker in einem Paket.
Marcel Anders-Hoepgen
978-3-95814-102-5 **13,00 €**

Die Yogi-Methode.
30-Tage-Challenge zur achtsamen Ernährung.
Vegan – ayurvedisch – yogisch.
Marcel Anders-Hoepgen
978-3-942772-69-3 **19,99 €**

Anti-Stress-Yoga.
Kartenbox mit 18 Rezepten und 56 Asanas.
Petra Orzech
978-3-942772-85-3 **14,99 €**

BEST-SELLER
auch als eBOOK
Schlank durch Achtsamkeit.
Durch inneres Gleichgewicht zum Idealgewicht.
Ronald Pierre Schweppe
978-3-942772-90-7 **14,99 €**

Glückliche Kinder.
Erziehung in Liebe und Achtsamkeit.
Aus der Reihe »mitGefühl«
Ronald Pierre Schweppe
978-3-95814-000-4 **2,50 €**

Sampoorna Hatha Yoga Stunde. (DVD)
Stufe 1
Marcel Anders-Hoepgen
978-3-927372-64-1 **17,95 €**

Sampoorna Hatha Yoga Stunde. (CD)
Stufe 1
Marcel Anders-Hoepgen **9,79 €**
978-3-927372-65-8 ~~14,95 €~~

Marcel Anders-Hoepgen
Besser schlafen. (CD)
Entspannung für die Nacht.
978-3-942772-25-9 **9,99 €**
Kraft tanken. (CD)
Entspannung für den Tag.
978-3-927372-61-0 **7,99 €**

Yoga: Jeden Tag neu!
Über 100.000 mögliche Kombinationen für Übungseinheiten à 5 bis 10 Minuten.
Marcel Anders-Hoepgen **13,99 €**
978-3-927372-69-6 ~~28,00 €~~

Der Glücksvertrag
Das 21-Tage-Programm. Ein glückliches Leben in Balance dank einer Formel aus Psychologie und fernöstlicher Heilkunst.
Inklusive DVD.
A. Mehta | G. Brüggemann **5,99 €**
978-3-942772-14-3 ~~19,99 €~~

Achtsam abnehmen.
33 Methoden für jeden Tag.
Ronald Pierre Schweppe
978-3-942772-99-0 **12,99 €**

Starke Partner.
Beziehung in Liebe und Achtsamkeit.
Aus der Reihe »mitGefühl«
Aljoscha Long
978-3-95814-001-1 **2,50 €**

Sampoorna Hatha Yoga Stunde. (DVD)
Leichte Mittelstufe
Schwerpunkt: Dehnung der Hüften
Marcel Anders-Hoepgen
978-3-942772-04-4 **17,95 €**

Nada-Yoga-Musik-Reihe.
Marcel Anders-Hoepgen
Eternal OM (CD)
978-3-942772-16-7 **9,99 €**
Shanti (CD)
978-3-942772-29-7 **9,99 €**
Runterkommen (CD)
978-3-942772-17-4 **9,99 €**
Gelassenheit (CD)
978-3-942772-15-0 **9,99 €**

Marcel Anders-Hoepgen
Bauchmuskulatur stärken (CD)
978-3-927372-75-7 **8,95 €**
Gleichgewicht (CD)
978-3-927372-72-6 **8,95 €**
Oberen Rücken stärken (CD)
978-3-927372-73-3 **8,95 €**
Unteren Rücken stärken (CD)
978-3-927372-74-0 **8,95 €**

Warum Stress dick macht
… und warum wir entspannt schneller abnehmen.
Ronald Pierre Schweppe **9,75 €**
978-3-942772-51-8 ~~12,99 €~~

Dauerhaft schlank.
Ernährung mit Liebe und Achtsamkeit.
Aus der Reihe »mitGefühl«
Dr. Julia Bollwein
978-3-95814-002-8 **2,50 €**

Hatha Yoga Stunde. (DVD)
Leichte Mittelstufe
Schwerpunkt: Kraftaufbau
Marcel Anders-Hoepgen
978-3-927372-84-9 **17,99 €**

Rücken for fit.
Das 30-Tage-Programm für einen schmerzfreien Rücken in nur fünf Minuten pro Tag.
Inklusive Übungs-DVD.
Marcel Anders-Hoepgen **14,99 €**
978-3-942772-53-2 ~~19,99 €~~

auch als eBOOK
Der Burnout-Irrtum
Ausgebrannt durch Vitalstoffmangel – Burnout fängt in der Körperzelle an! Das Präventionsprogramm mit Praxistipps und Fallbeispielen.
Uschi Eichinger | Kyra Hoffmann
978-3-95814-042-4 **19,99 €**

Selbstheilung.
Gesundheit durch Liebe und Achtsamkeit.
Aus der Reihe »mitGefühl«
Fei Long
978-3-95814-003-5 **2,50 €**

Sonnengruß, Teil 2. (DVD + CD)
Der perfekte Stressabbau.
Marcel Anders-Hoepgen **9,99 €**
978-3-927372-97-9 ~~16,95 €~~

Hebammen Yoga.
Übungen zur Geburtsvorbereitung und Rückbildung. *Inkl. Mantra-Audio-CD.*
Marcel Anders-Hoepgen **5,99 €**
978-3-927372-99-3 ~~19,99 €~~

Yoga X-Large.
Auch Dicke können Yoga machen! Yoga- und Bewusstheitsübungen für Menschen mit Plus-Size-Körpern.
Birgit Feliz Carrasco
978-3-942772-77-8 **17,99 €**

auch als eBOOK
Die Anti-Stress-Ernährung.
Die LOGI-Methode zur Stressbewältigung. Mehr Power für die Körperzellen.
Uschi Eichinger | Kyra Hoffmann
978-3-95814-032-5 **19,99 €**

systemed Verlag
Kastanienstraße 10
D-44534 Lünen
Telefon 02306 63934
Telefax 02306 61460
www.systemed.de
faltin@systemed.de

Hebammen Yoga. (Doppel-DVD)
Übungen zur Geburtsvorbereitung und Rückbildung.
Marcel Anders-Hoepgen
978-3-942772-03-7 **16,95 €**

Sonderedition
Der Sonnengruß. (Doppel-DVD)
Workout für den Morgen voller Energie und Kraft. Entspannung für den Abend und guten Schlaf.
Marcel Anders-Hoepgen
978-3-95814-067-7 **17,99 €**

systemed verlag

Impressum

Redaktion: systemed Verlag, Lünen
systemed GmbH, Kastanienstr. 10, 44534 Lünen
Lektorat: Susanne Bader, Grainau

Fotografie: Studio Reiner Schmitz, München
Foodstyling: Marcel Sumpf, München
Stockfotografie: www.fotolia.de

Gestaltung und Satz: A flock of sheep, Lübeck
Druck: Hitzegrad Print Medien und Service GmbH, Dortmund

ISBN: 978-3-95814-081-3
1. Auflage

systemed verlag

LOGI® DAS ORIGINAL BEI SYSTEMED